지금도 살아 숨쉬는
숨바섬의 지석묘 사회

지금도 살아 숨쉬는
숨바섬의 지석묘 사회

2009년 7월 15일 초판 인쇄
2009년 7월 20일 초판 발행

지은이 · 가종수, 가기야 아키코, 요시다 야스히코
펴낸이 · 이찬규
펴낸곳 · 북코리아
등록번호 · 제03-01240호
주소 · 121-801 서울시 마포구 공덕동 115-13번지 2층
전화 · (02)704-7840
팩스 · (02)704-7848
이메일 · sunhaksa@korea.com
홈페이지 · www.sunhaksa.com

값 18,000원

ISBN 978-89-6324-026-8 (93380)

지금도 살아 숨쉬는
숨바섬의 지석묘 사회

가종수 외

북코리아

한국은 역사상 몇 가지 흥미로운 유적을 갖고 있다. 그 하나가 암벽에 새겨진 암벽화 그림이고, 다른 하나가 공룡의 발자국이며 또 다른 하나가 지석묘이다. 특히 지석묘는 한반도에 수 만개가 있고 중국과 일본에도 한반도에 가까운 몇 곳에 있을 정도로 특이하게 한반도에 집중적인 분포를 보이고 있는 유물이다. 그리고 동남아시아에는 인도네시아에 집중적인 분포를 보이고 있으며 이것이 인도의 동부에 분포되어 있고 다시 지중해 연안 일대 그리고 멀리 영국에 분포되어 있는 문명의 한 줄거리이다. 이것을 메가릿트Megalith 문명이라 한다. 한국에는 남방식과 북방식 지석묘가 있다. 지석묘의 근원에 대하여 이것을 난생설화와 연결하여 벼농사와 관계가 있을 것이라 하는 학설과 그렇지 않다는 학설이 있다.

영국으로부터 지중해 인도 그리고 인도네시아로 분포되어 있는 메가릿트 문명이 언제 한반도에 유입되었으며 지석묘를 만드는 사회가 어떤 사회이고 우리나라 역사의 어느 시기에 시대 매김하여야 하는가 하는 문제는 고고학에서나 관심이 있지 인류학에서는 해결의 여지가 없는 것이라 생각하여 왔다.

이러한 중요하고 흥미로운 지석묘의 연구에 새로운 자료를 제시한 것이 바로 가종수 교수의 연구이다. 말하자면 가종수 교수는 인도네시아 숨바섬에서 지금도 살아있는 지석묘 사회를 발견하여 세계 학계에 큰 공헌을 한 것이다.

가종수 교수가 발견하여 목격한 숨바섬의 사람들은 지금도 예날 식으로 지석묘를 만들고 있다. 따라서 우리는 가종수 교수, 가기야 아키코 교수, 요시다 야스히코 씨의 연구를 통하여 지석묘를 왜 만드느냐? 하는 것과 지석묘를 어떻게 만드느냐? 하는 건립 방법을 알게 된 것이다.

지석묘 사회가 현재형으로 진행되고 있다는 가종수 교수의 발견은 학계에 큰 충격을 주었으며 고대사 연구에 큰 공헌을 하였고 이것이야말로 지석묘 연구의 큰 획을 긋는 연구라 할 수 있다. 한국에서는 특히 고고학의 전유물로 여기어오던 지석묘 연구가 인류학의 영역까지 확대된 것을 보여주고, 인류학이 고대사 연구의 일조를 하는 인류학 고유의 학문영역을 확대한 것이 된다.

2009. 4. 25.
서울대학교 명예교수 이광규

본서는 인도네시아 공화국 동 누사텡가라주 숨바섬의 거석문화에 관한 20년 이상
에 걸친 현지조사에 의거해 한국과 일본의 연구자가 공동집필한 학술서이다. 필자
가 기억하고 있는 바로는, 한국에서 해외여행이 자유화가 된 것은 1988년 서울 올
림픽 이후이다. 우리 연구자들이 한국 문화의 뿌리를 찾아서, 스스로 해외에서 본
격적인 현지조사를 실시한 것은 1990년대 이후이다. 특히 1990년대에 한국의 선
사시대나 고대사와 관련한, 주로 북방 아시아의 몽골과 중국 동북지역의 조사 연
구를 하기 시작해서 현재 상당한 연구실적이 축적되었다.

　우리 한민족의 주류는 북방 아시아계이며, 오랜 기간 중국 문화의 영향을 받은
것은 사실이다. 필자도 한국 문화의 기원을 찾아서, 몽골이나 중국을 여기저기 많
이 돌아다녔다. 그러나 북방 아시아를 연구하면 할수록 과연 한국 문화에는 북방
아시아나 중국계 문화뿐일까라고 하는 의문을 가지게 되었다. 당연히 우리 문화에
는 한국 고유문화도 있고 또 동남아시아 문화와 공통되는 요소도 적지 않다.

　이러한 한국 문화의 「북방문화론」「남방문화론」은 벌써 1970년대부터 학계의
쟁점이었다. 예를 들면, 서울대학교 명예교수 이광규는 우리나라 문화권을 북방문
화권과는 별도로 제2차 문화권Sub-cultural Area의 설정을 제안하고 있다. 문화인류학
자인 이광규 박사는 삼한의 북계, 이후의 신라 · 백제지역의 북계, 이 근처에 선을
그어, 민속줄다리기, 금줄, 단골, 동제, 문신, 편두, 신화둥근 알, 작은 궤, 박혁거세와 김알지, 제주의 삼성혈, 성
인식이나 청년집회소화랑, 모정, 지금도 섬지방에서 볼 수 있는 초분 등, 모두 동남아

시아와 연결되는 문화요소라고 지적하고 있다. 나아가서 그 문화권을 우리나라 남부지방, 일본 규슈지방, 중국 동해안과 대만을 포함한 지역을 「동중국해 문화권」^지석묘를 비롯한 선사시대부터의 하나의 문화권이라고 불러, 그 범위를 한층 더 넓혀 「범태평양연안 문화권」을 상정하고 있다. 이광규 박사는 돌멘Dolmen과 멘히르Menhir라고 하는 거석문화의 분포는, 대체로 해안을 끼고 유라시아 대륙을 둘러싸고 있고, 그 전파는 지중해, 인도, 동남아시아, 베트남을 지나서 한반도에 유입됐다고 지적해, 지석묘나 신석기 문화의 교류와 전파를 문제 삼았을 때, 「범태평양연안 문화」와 같은 흐름을 염두에 두어 분석하지 않으면 안 된다고 주장하고 있다.

1980년대가 되면서, 한양대학교 명예교수 김병모가 자바섬과 발리섬의 현지조사를 함으로써, 제주도 돌하루방과 한국 지석묘가 인도네시아로부터의 전파설이 제기되었다. 김병모 박사의 자바섬과 발리섬에서의 조사가 한국 고고학자에 의한 최초의 인도네시아 학술조사였다. 김병모 박사의 제주도 돌하루방과 한국 지석묘의 기원은 인도네시아로부터 난생신화와 벼농사 문화와 함께 구로시오를 타고, 동남아시아로부터 전해졌다고 하는 당시로서는 혁신적이라기보다는 학계를 뒤흔드는 충격적인 학설이었다. 필자의 1988년부터의 인도네시아 제도의 거석문화 조사는 김병모 선생님의 연구에 의한 영향과 『구로시오를 타고 온 고대문화』를 쓴 도시샤대학同志社大學 교수이자 필자의 은사인 고 오가와 고요小川光暘선생님의 학은에 의한 것이다.

1990년대까지의 한국의 역사학이나 인류학에 있어서는, 이러한 「한국 문화의 남방기원설」은 대개 비판적인 견해를 가진 연구자가 많았다. 물론, 한국의 선사 문화와 고대 문화의 이른바 남방기원설을 역사적인 사실로 입증하기까지는 남겨진 과제가 산적해 있지만, 비판적인 태도를 가지는 데는 감정적인 요소도 있었다고 생각된다. 원래 「남방南方」이라고 하는 말은 구체적으로 어느 지역을 가리키는지 그 의미가 애매하고, 게다가 과거 식민지 시대에 일본인들이 점령한 현재의 동남아시아의 일부의 전초기지를 「남방」이라고 한 것으로 부터 유래한다. 그 후, 「남방민족」, 「남방문화」라고 하는 용어가 일본에서 널리 사용된다. 그런데 이 대동아전쟁 시의 일본군이 점령한 일부 지역과 문화를 가리키는 「남방」, 「남방문화」가 나중에 일본인 학자들에 의해서, 우리나라로부터의 문화적 영향을 왜곡 축소시키는 정치적 도구로서 사용된다. 어떤 일본인 학자는 우리나라 문화권을 한강 일대를 경계로 해 북방문화권과 남방문화권의 두 개로 나누어, 마치 남부와 북부는 민족 계통이 달라, 그 남쪽을 주류라고 보고 북측의 고구려 · 부여는 나중에 분리되었으므로 한국사로부터 제외하는 것이 좋다고 하는 극단론까지 등장한다. 이러한 역사적인 경위로 인해 한국의 연구자는 「남방」, 「남방문화」라고 하는 용어를 극단적으로 싫어하고 있다. 따라서 이 책에서는 「남방」, 「남방문화」라는 용어 대신에 「동남아시아」, 「동남아시아 문화」라는 용어를 사용한다.

한국의 지석묘는 유네스코 세계문화유산 지정을 받아 국민적으로 관심이 많다. 역사학의 기본요소는, 언제When, 어디서Where, 누가Who, 무엇을What, 왜Why 또는 어떻게How이다. 한국 지석묘로 말하면, When과 Where라고 하는 문제는 거의 해결되었지만, Who자생설, 동남아시아 전파설, What분묘설, 제단설, How지석묘 축조에 관해서는 상상의 수준을 넘지 않는다에 대해서는 여전히 논의의 대상이다. 그런데 숨바섬의 지석묘는 지금도 살아 있다. 이것은 말을 바꾸어 말하면 숨바섬은 「지상에 남은 마지막 지석묘 사회」이다. 숨바섬 돌멘의 축조과정채석, 운반, 축조, 장의은 한국의 지석묘 연구에 시사하는 바가 대단히 많다. 현재도 숨바섬에서 지석묘가 만들어지고 있다. 그러나 숨바섬도 예외 없이, 근대화라는 큰 파도에 휩쓸려, 사회가 급격하게 바뀌어가고 있다. 1980년대부터 지석묘는 석재로부터 시멘트제로 바뀌어, 현재 만들어지고 있는 돌멘은 거의 시멘트제이다. 석재 운반에는 트럭이 사용되어 돌멘을 운반하는 행사나 의례를 볼 수 없게 되었다. 게다가 1947년의 인도네시아 공화국 탄생 이후, 신분제도의 철폐에 의해, 왕이나 왕족의 계층도 사라져 대규모 지석묘의 축조도 없어졌다. 이 책의 가기야 아키코鍵屋明子 선생님과 요시다 야스히코吉田裕彦 선생님의 사진1970년대 조사 풍경은 이제 볼 수 없게 되었다. 이 두 분의 사진은 숨바섬 마지막 왕족 클래스의 돌멘 축조과정을 알려주는 몹시 귀중한 보고서이다.

필자는 숨바섬에서 전통적인 돌멘 축조는 더 이상 볼 수 없다고 단념하고 있었는데 우연히 2008년 8월에 디키타Kampung Dekita 마을에서 대규모 돌멘 축조과정을 목격할 수 있었다. 이것은 우연이라고 하기보다는 필자에게 있어서는 기적 같은 일이었다. 돌멘이 축조된 마을은 행정적으로는 서숨바로 되어 있는데, 지리적으로는 북숨바에 가깝다. 돌멘의 축조에 관해서는 가기야 아키코 선생님과 요시다 야스히코 선생님의 보고와 일부 중복되는 부분도 있지만, 가기야 선생님은 서숨바 조사, 요시다 선생님은 동숨바 조사, 필자는 북숨바 조사이므로 그 내용의 상세한 것은 다른 부분도 있어 그 전모를 그대로 소개한다.

마지막으로 필자는 한국 지석묘의 기원을 억지로 인도네시아에 연결시킬 생각은 없다. 그것은 인도네시아 지석묘에 대해서, 어디에Where, 무엇What이 있는가 하는 기초적인 조사조차 없기 때문이다. 따라서 우리는 결론만을 서두를 필요가 없으며, 우선 해결해야 할 문제는 동남아시아에 관한 면밀한 학술조사와 연구이다. 본서가 인도네시아 공화국 숨바섬 돌멘 연구의 기초적인 자료가 될 것을 바라며, 또 인도네시아에 대한 한국인 연구자가 한 명이라도 더 늘어날 것을 기대하며 이 책을 편집한다. 우리의 DNA 상당수는 북방 아시아계이지만 바다를 건너서의 상호교류도 결코 과소평가되어서는 안 될 것이다.

2008년 8월 숨바섬 린디 마을에서

가 종 수

추천사 5

저자 서문 7

이 책을 들어가며 15

제1부 지금도 살아 있는 지석묘 사회 숨바섬

01 들어가는 말 29

02 숨바섬의 지리와 풍토 36

1. 숨바섬의 지리와 풍토 36

2. 숨바인의 생활문화 45

• 의복 45

• 식문화 51

• 가옥문화 54

03 숨바섬의 신화와 역사 64

1. 숨바섬의 신화 64

• 난생신화와 동손문화 64

• 숨바의 신화 74

2. 숨바섬의 역사 76

• 인도네시아의 선사시대 묘제연구 76

CONTENTS

　　　• 금속기시대의 묘제　78
　　　• 인도네시아 제도의 거석유구　86
　　　• 백단향의 섬 숨바　89
　　　• 네덜란드의 식민지시대　90
　　　• 독립 후의 숨바　93

04　사회와 의례　95

　1. 숨바섬의 종교　95
　　　• 마라푸　95

　2. 숨바섬의 사회　99
　　　• 수장사회　99
　　　• 씨족과 마을　104
　　　• 신분제도　106
　　　• 배를 상징으로 하는 숨바 사회　109

　3. 숨바섬의 의례　116
　　　• 씨족 제사　116
　　　• 숨바섬의 장송의례　120
　　　• 숨바섬 최대의 축제 파소라　143

05　숨바섬의 돌멘　157

　1. 거석유구의 분포　157
　　　• 서숨바　158
　　　• 동숨바　179

2. 돌멘의 형태   185

3. 돌멘의 축조   191

06 나가는 말 213

참고문헌 224

제2부 서숨바섬의 거석묘 만들기

01 들어가는 말   229

02 지석묘 석재 운반   235

1. 아직도 수라를 끄는 사람들   236

2. 두 개의 머리를 가진 수라   237

3. 사라져 가는 거석을 끄는 행사   238

03 서숨바의 지석묘 사회   241

1. 수라와 거석문화권   241

2. 일본과 유사한 마을·집의 구성   242

3. 수라를 끄는 사람들의 사회   244

CONTENTS

04 서숨바의 거석묘 조영의 실체 246

　　1. 돌멘용 석재의 채석　246

　　2. 수라의 제작　248

　　3. 수라 끌기　250

　　4. 거석무덤의 조영과 유해의 매장　255

05 나가는 말　260

제3부 동숨바섬의 거석문화

01 들어가는 말　265

02 거석문화가 숨쉬고 있는 섬, 숨바　269

03 파오 마을의 거석분묘와 돌 끌기 행사　273

04 돌 끌기 행사로 보는 문화적 맥락　287

05 나가는 말　293

참고문헌　308

찾아보기　309

마라푸marapu는 숨바인이 신봉하는 전설상의 시조인 동시에 조상이 사는 세계를 가리키는 말이다. 숨바인은 인간은 마라푸계에서 도래하고, 사후 다시 마라푸계에 돌아가는 것으로 믿으며, 그들의 생활 안에는 이 마라푸계와의 교류를 목적으로 하는 의례가 많다. 수라修羅, 고대 운반도구를 이용해서 거대한 돌멘용 석재를 운반하고 조영하는 행사는 마라푸신앙의 일단을 보여주는 중요한 행사의 하나이며, 그 정점을 차지하는 귀족층왕족, 신관의 권력은 정치적·종교적으로도 대단히 강하다.

돌멘용 석재를 운반하는 행사에서는 인간의 힘으로만 돌을 끄는 것이 아니라, 조상인 마라푸가 수라의 끝에 매여진 깃발에 내려와 돌을 끄는 데 필요한 힘을 주는 것이라고 믿고 있다. 그들은 돌을 끌 때에, "오, 우리 선조여. 여기에 내려와 우리와 함께 돌을 끕시다!"라고 하는 의미의 말을 되풀이해서 외치면서 끌고 간다.

숨바섬에서 행해지고 있는 돌멘용 석재 끌기 행사는, 그들이 가지는 정신적인 요소가 많이 포함되어 있다. 그것 모두 사자의 영혼을 무사하게 마라푸계에 데려다 주는 것을 목적으로 하는 의례이다. 돌멘용 석재 끌기 행사가 성대하게 행해지는 것은 돌멘의 조영을 직접적인 목적으로 하고 있지만, 그들이 가지는 우주 내의 임무를 완결시키는 것도 하나의 목적이다.

수라의 첨단부Ngora Tana =「뱃머리」에 세워진 깃발은 펜지Penji =「배의 돛」라고 불린다. 이것이 돌멘용 석재를 운반하는 행사에 마라푸와 교신의 역할을 하고 있어, 거석을 움직이는 초인적인 힘의 원천으로 간주되고 있다. 돌을 끄는 행사가 시작되면 신관 라토는 펜지 가까이에 서서 행사를 지휘하고, 마라푸와의 교신을 담당한다.

타릭 바투돌멘용 석재를 운반하는 행사(디키타 마을, 서숨바)

고개를 넘어 산 위에 있는 마을로 향하는 사람들(디키타 마을, 서숨바)

내리막길에 당도한 수라(디키타 마을, 서숨바)

수라는 도로를 따라서 끄는 것이 아니고, 신관의 지시에 의해 돌을 끄는 방향이 결정된다.
(디키타 마을, 서숨바)

언덕길을 오르는 수라(디키타 마을, 서숨바)

디키타 마을은 간선도로로부터 상당히 떨어진 산 위에 위치하고, 채석장에서 마을까지는 산과 골짜기가 있어, 도로사정이 매우 나쁘다.(디키타 마을, 서숨바)

수라 앞의 얼굴 조각

조상신인 마라푸를 나타낸 것으로, 수라를 「말 머리 배」라고 부른다. 수라 앞에 조상신을 조각하고, 「말」이나 「배」라고 부르는 것은, 돌멘용의 석재를 원활하게 나르기 위한 주술적인 의미가 담아져 있다.(디키타 마을, 서숨바)

돌멘용의 석재를 운반하는 수라

불교의 제석천과 아수라의 싸움은 아수라가 승리하는데, 아수라가 제석帝釋=天石을 달리게 했다고 하는 설화로부터 거석을 실어서 나르는 썰매를 일본에서는 「수라」라고 부르고 있다.(디키타 마을, 서숨바)

린디 왕국의 부왕 움부 후키 란드위쟈마Umbu Huki Landedjama를 매장한 돌멘

돌멘이 완성된 것은 2005년 10월 19일로, 제작으로부터 6개월이 걸렸고 그동안 많은 물소와 돼지가 제물로 받쳐졌다. 숨바의 왕족이 전통적인 관습법을 따라서 만든 최후의 돌멘이다.(프라이야왕 마을, 동숨바)

입관식

2005년 10월 28일 오후 4시, 움부 후키 란드위자마의 유해가 무덤 안에 안치되었다. 입관식 때 울부짖는 왕족 여성의 양쪽에 실신 상태로 있는 것이, 남녀 노예 파팡강papanggang, 사자의 심부름꾼이며, 옛날에는 왕과 함께 순장되었다.(프라이야왕 마을, 동숨바)

창을 던지기 위해서 적진을 향하는 전사

숨바섬 남서부 해안 각지에서는 매년 2~3월, 우기에서 건기로 넘어갈 때 창을 던지며 싸우는 기마전인 파소라Pasola가 행해진다. 이 시기는 그 해의 농사가 시작되는 시기이다. (와누카카 해안, 서숨바)

날아드는 창을 피하는 전사들

파소라는 마라푸신에게 벼농사의 시작을 알리고 인간의 피를 대지에 제물로 바치는 행사이며, 지상에서의 인간의 소동을 신에게 알려 벼의 성장과 풍요를 기원한다. (와누카카 해안, 서숨바)

대형 돌멘

바위를 정성스럽게 다듬어, 내부에 매장시설을 만들고 그 위에 뚜껑돌을 올린 형태이다. 해안 가까이에는 오래 된 개석식 돌멘군이 산재한다. (라텐가로 해안, 서숨바)

제1부

지금도 살아 있는 지석묘 사회 숨바섬

슈지쓰대학 대학원 교수 가종수

들어가는 말

어떤 특정한 돌, 또는 돌을 가공 · 구축해서 종교적 대상물로 믿는 곳은 세계 각지에 있다. 또는 지표에 거대한 거석Monolith을 사용해서 만든 매장 및 제사에 관계되는 유적도 있다. 이러한 것들은 돌의 대소를 막론하고 거석기념물Megalithic Monument, 거석유적Megalithic Ruin 또는 거석무덤Megalithic Tomb이라고 부르고, 이것들을 대표적인 지표로 하는 문화를 「거석문화Megalitic Culture」라고도 한다. 그 형태는 자연의 돌에서, 인간이 손질한 멘히르立石, 석상불교나 힌두교의 직접적 영향을 받지 않는 것들, 환상열석, 아리 뉴만열석, 돌멘지석묘, 디소리토멘히르와 돌멘을 조합시킨 것, 피라미드, 음양석, 스톤 시트신이 앉는 돌 의자 등 간단한 것으로부터 정밀하게 가공한 구축물에 이르기까지 다종다양하고, 이것들의 표면에 돌을 갈아서 만든 컵 마크성혈도 거석문화의 소산이다. 그리고 그 만들어진 시대도 선사시대부터 비교적 최근에 이르기까지 지역에 따라 다양하다.

그런데 「거석문화」라고 하는 것은 매우 애매한 개념의 용어이다. 북유럽의 스톤 서클환상열석, 돌멘, 멘히르, 아리 뉴만열석은 그 크기와 특이한 형태에 의해 일찍부터 그 지방 사람들에게 알려져 여러 억측을 불러일으켰다. 예를 들면, 17세기 영국의 스톤 헨지와 스톤 서클을 도르이도교Druidism의 신전 또는 재판소라고 하는 견해가 있었고 돌멘dolmen을 처형대라고도 했다. 그러나 19세기 중엽 유럽에서는 거석유적을 선사시대의 것으로, 돌멘을 무덤이라고 하는 생각이 정착하게 되었다. 19세기가 되면서 유럽을 비롯해 세계 각지의 거석유적이 알려지고, 20세기 초기에는, 이 거석유적들이 어떠한 경로를 통해서 각지로 전파되었는가 하는 문화전파설이 논의된다. 엘리어트 스미스와 같은 극단적인 문화전파주의자는, 미개한 세계 각지의 거석유적이 이집트로 대표되는 고도문명의 영향 아래에 만들어졌다고 주장한다. 예를 들면, 유럽의 이베리아 반도Iberian Peninsula의 거석무덤은 이집트의 계단 형태로 구축된 분묘의 변형이라고 주장했다. 스미스와 같은 문화전파론에는 여러 문제가 있어, 그 후 학계에서는 「거석문화」라고 하는 용어조차 부정되었다.

그러나 19세기 이후 유럽의 연구자에 의한 세계 각지에서의 조사활동으로 많은 거석무덤의 존재가 밝혀졌다. 그러한 상황을 근거로 해서 차일드는 1932년에 거석무덤을 돌멘dolmen, 선도분羨道墳, 대형 석관묘로 구분하고, 돌멘은 가장 오래된 거석기념물로 모든 유사한 구축물이 전부 오래된 것이라고 하는 증거는 없다고 주장했다. 그 직후에 영국에서는 돌멘dolmen이라고 하는 용어 사용 자체가 부정된다. 당시 유명한 박물학자 O. G. S. 크로퍼드가 돌멘 대신 「석실묘」라는 용어를 사용하고 난 후부터 영국에서는 「돌멘」이라는 용어는 사용되지 않는다. 그렇지만 영국 이외의 나라에서는 「돌멘」이나 「거석문화Megalitic Culture」라고 하는 용어가 여전히 유효하다.

요르단이나 이란, 인도, 동남아시아, 태평양의 많은 섬, 중국, 한반도, 일본 등 각지에 다양한 거석유구가 존재하고 있다. 이 아시아 대륙에서 태평양의 많은 섬에 이르는 광대한 지역에 존재하는 거석유적은 결코 같은 시대의 것들이 아니다. 어떤 지역에서는 이미 기원전에 거석유구의 조영이 사라진 곳도 있고, 어떤 지역에서는 「지금도 살아 있는 거석문화」로서 존속하고 있다.

하이네 겔더른R. Heine Geldern은 세계의 거석유적을 같은 원리 아래서 해석하고 있다. 겔더른은 「거석문화 복합」이 가장 완전히 보존되어 있는 아프가니스탄 동북부, 인도, 아삼, 인도네시아, 오세아니아의 지역을 「동부 거석지역」이라고 한다.

이 지역에서는 「분묘 돌멘」은 거의 존재하지 않고, 「기념물 돌멘」이 존재한다고 주장하고 있다. 그는 이 지역의 거석기념물이 죽은 사람만을 위해서 만들어지는 것이 아니라 살아 있는 사람도 자기를 위해서 만드는 것으로 지적하고, 그것이 「훈공제宴勳功祭宴」과 밀접하게 결부되어 멘히르와 돌멘이 죽은 사람에게 영혼의 안식처 역할을 하고, 같은 특징을 가진 것이 서남아시아에서 아프리카, 유럽을 포함하는 「서부 거석지역」에 있다고 주장한다. 하이네 겔더른은 거석유적이나 그것에 따르는 관념적인 부분도 포함시킨 거석문화 복합을 「거석제Megalithikum」라고 부르고, 그 거석제가 기원전 4000년에 팔레스타인과 요르단에서 발생했다고 추정하고 있다. 그에 의하면 지중해지역에 생긴 거석제는 육로를 경유해서 중앙아시아, 중국 대륙을 통해서 동남아시아에 전해졌다고 한다.

하이네 겔더른의 동남아시아에의 문화전파설은, 여러 방면에서 많은 비판을 받으면서도 일부는 아직도 유효하다. 인도네시아에서의 오래된 문화의 파급은 신석기시대 기원전 2000~기원전 1500년, 방각돌도끼와 함께 퍼진 것으로, 멘히르, 돌멘, 스톤 시트, 석상, 적석기단, 열석, 거석광장을 특징으로 한다. 또 하나의 새로운 물결은 북베트남에서 기원전 1000년 후반부터 1000년 초기에 발달한 동손Dongson청동기문화의 파급으로, 동남아시아의 도서부를 중심으로 하는 돌멘, 석관Stone Sarcophagi, 석실무덤을 특징으로 하고 있다. 오래된 문화물결의 주인공은 오스트로네시아어족이며 그 문화는 광범위하게 널리 퍼졌고, 니아스섬의 거석복합은 오래된 문화요소를 많이 가지고 있는 것에 대해, 새로운 물결의 문화요소는 수마트라의 바탁족과 숨바족 안에 많이 남아 있다고 한다. 그러나 최근의 인도네시아의 고고학자들은 인도네시아의 거석문화가 기원전 5~6세기의 동손청동기문화와 관련된다고 하는 견해가 주류를 이루고 있다.

지구상에는 지역이나 시대, 성격을 막론하고 테이블형과 바둑판형으로 구축된 거석유구가 있어, 그것은 각지에서 독자적인 명칭으로 불리고 있지만, 일반적으로

「돌멘」이라고 하는 용어가 널리 사용되고 있다. 세계 각지에서 발견되는 돌멘은 아주 오래된 선사시대 것부터 최근 것까지 다양하며, 무덤이나 제단, 기념비 같은 여러 기능을 가지고 있다. 그리고 같은 시대, 같은 성격을 가진 돌멘이 어떤 일정한 범위 안에 존재하고 있는 것도 사실이다. 단지 그러한 일정한 범위에 공통적인 성격의 돌멘이 존재하고 있을 경우에 한하여 문화복합의 공통성을 인정할 수 있지만, 그것을 특정한 종족의 이동전파의 결과로 이해하기 위해서는 남겨진 과제가 산적해 있다. 적어도 현재의 자료로 보는 한 하이네 겔더른이 지적한 거석문화의 전파경로는 인정되지 않고, 아시아의 돌멘을 중심으로 하는 거석문화는 몇 개의 독립적인 그룹으로 이해하는 견해도 신중하게 검토할 필요가 있다.

돌멘이라고 하는 용어는 켈트어에서 유래한다. 차일드는 덴마크의 용어가 다른 지역에도 널리 퍼졌다고 하지만, 아마 돌멘이라고 하는 말은 기원전 켈트인이 영국을 포함하는 북유럽지역에 진출했을 때 이미 그곳에 있었던 거석유적을 가리키는 말로 사용되기 시작했다고 추정된다. 돌멘은 문자 그대로 「테이블dol 〉 toal 〉 dual」과, 「돌men」을 의미하는 복합어이며, 이로부터 「지석묘」라는 번역어가 만들어졌다.

19세기 말경, 한반도와 일본에 돌멘이 존재하는 것이 서양인에 의해 보고되었다. 그 후 도리이 류조鳥居龍藏는 20세기 초기에 요동반도 지방의 돌멘을 보고하였다. 그리고 1917년 도리이 류조는 한반도의 고인돌, 장석, 지석 등을 돌멘이라고 소개한다. 학계에서 돌멘이라는 유럽의 용어를 사용하지 않고 지석묘라는 용어를 사용하기 시작한 것은 1934년에 후지타 료사쿠藤田亮策의 『조선 고대문화』가 최초이며, 그 후에 경상북도 대봉동 지석묘 조사보고서에서 「지석을 소유하는 분묘 전반의 명칭」이라고 지석묘를 정의하고 있다. 지석묘라고 하는 용어가 학계에 정착한 것은 후지타 료사쿠 이후의 1930년대 중반부터이다.

「지석묘」라는 명칭은 현재 한국과 일본의 연구자 사이에 일반적으로 사용되는 용어이지만, 영어로 번역할 경우에는 「돌멘」을 사용하고 있다. 북한에서는 「고인돌」이라는 용어가 일반적으로 사용되고, 중국에서는 「석붕石棚」이라는 명칭이 사용되고 있다. 최근 일부 연구자 사이에서 「거석무덤」이라는 명칭을 사용하고 있지만, 이 책에서는 숨바섬의 거석무덤을 편의상 「돌멘」으로 한다. 한국이나 일본에서 일반적으로 사용되고 있는 「지석묘」라고 하는 용어는 선사시대의 유적이라는 이미지가 강한 반면, 숨바섬 돌멘은 현재도 살아 있기 때문이다. 또 숨바섬 돌멘에는 한국의 지석묘에서는 볼 수 없는 형태의 것이 있다.

숨바섬 귀족층은 돌멘용 석재를 석산에서 채석하는 일부터 시작해서 그것을 마을까지 운반하여 돌멘 분묘를 조영하고 있다. 그러나 1980년대 이후 전통적인 돌멘의 조영은 거의 볼 수가 없고, 장례식에 있어서 가축의 공희산 가축을 죽여서 제물로 바치는 제의도 정부에 의해서 물소 다섯 마리까지로 제한되었다. 과거에, 특히 귀족의 장

채석장
사람이 서 있는 곳이 개석용 석재이고, 우측 뒤에 있는 것이 석관용 석재이다.(탐베라 마을, 서숨바)

잘려진 돌멘용 석재(탐베라 마을, 서숨바)

두 개의 개석과 석관용 석재(탐베라 마을, 서숨바)

불도저로 들어올려 대형 트럭에 싣고 있는 돌멘용 석재

석관용 석재의 내부를 파서 시체를 안치한 뒤에 개석을 올리면 돌멘이 완성된다.(탐베라 마을, 서숨바)

레식에서는 수백 마리의 물소, 말, 돼지가 사자의 넋을 따르도록 도살되었다. 도살된 가축 수가 죽은 자와 그 가족의 명성을 강화하고, 장례식에 걸리는 막대한 비용으로 인해서 도산하는 사람들도 많았다. 지금은 정부가 호화로운 장례식을 제한하고 있지만, 노예조차도 돌멘 분묘를 조영하여 다섯 마리까지 가축의 희생이 가능하다.

숨바섬의 지리와 풍토

1. 숨바섬의 지리와 풍토

인도네시아는 세계 최대의 도서국가로, 다섯 개의 주요 섬과 서른 개의 중규모의 군도를 포함한 약 1만 3,700개의 섬들로 이루어져 있다. 그 면적은 대체로 한반도 총 면적의 여덟 배 이상에 달해, 인구는 약 2억 명을 넘고 있다. 지리적으로는 아시아 대륙과 오스트레일리아 대륙 중간에 위치해 있으며, 동서 5,100km, 적도를 사이에 두고 남북으로 1,880km에 걸쳐 있다. 수마트라섬, 자바섬, 보르네오섬, 술라웨시섬을 대순다열도라고 부르며, 발리섬으로부터 티모르섬까지의 섬들은 소순다열도라고 부른다. 인도네시아는 섬마다 다양한 문화를 가진 다민족 국가로 알려져 있다. 인도네시아에서도 특히 동인도네시아는 섬마다, 그것도 한 섬 안에 상이한 문화를 가진 여러 민족이 살고 있다.

숨바Sumba섬은 인도네시아 공화국 동부의 「동 누사텡가라주Propinsi Nusa Tenggara Timur」에 있는 섬으로, 숨바와Sumbawa섬과 플로레스Flores섬 사이 남쪽에 위치한다. 숨바섬은 석회암의 융기에 의해서 생겨난 섬으로, 동서 길이가 210km, 남북 폭이 40~70km, 총 면적은 1만 1,150km²제주도의 약 여섯 배이며, 2005년도의 통계에 의하

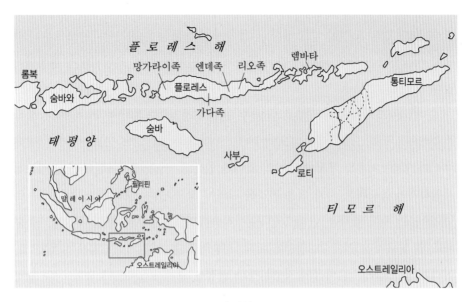

소순다열도

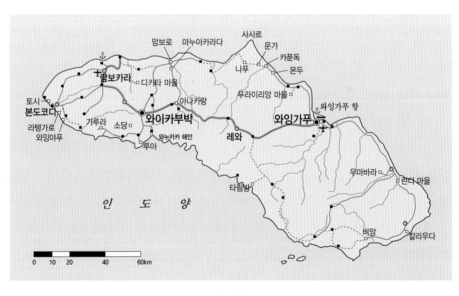

숨바섬

면 약 56만 명의 도민이 살고 있다. 남동쪽에는 가장 높은 원가산1225m으로부터 산맥이 시작하고 산맥의 내부는 깊은 골짜기 및 언덕에 의해 고원지대가 형성되어 있다.

숨바섬은 크게 동부와 서부로 나눌 수 있고 행정적한국의 행정구역의 구분에 따라, 도, 시, 군, 면, 마을이라고 표기한다으로 「동숨바도Kabupaten Sumba Timur」와 「서숨바도Kabupaten Sumba Barat」가 있다. 기후는 동서에 약간의 차이가 있는데, 서숨바는 초원이 많아 비교적 시원하지만 동숨바는 비가 적은 건조한 지역이 많고 덥다. 면적은 7대 3의 비율로 「동숨바도」 쪽이 넓지만, 반대로 인구는 「서숨바도」 쪽이 두 배 가깝게 많다. 「동숨바도」의 인구가 20만 2,312명인데 비해 「서숨바도」는 36만 5,996명2005년 통계으로, 이러한 인구밀도는 숨바섬의 자연환경과 밀접한 관계가 있다. 「동숨바도」의 도청소재지는 와잉가푸Waingapu로, 「동숨바도」뿐만 아니라 숨바 전체의 경제중심지가 되고 있다. 섬의 북서해안에 위치하는 와잉가푸에는 항구가 있어, 인도네시아 각지와 연결하는 역할을 하고 있다. 또 와잉가푸 공항마우하우 공항에는 숨바섬에서부터 발리섬과 서티모르의 쿠팡Kupang, 동 누사텡가라 州都까지를 잇는 정기편이 운행된다. 서숨바섬의 공항은 탐보라카Tambolaka에 있지만, 그 중심적인 도시는 와이카부박Waikabubak이다.

건기에 발리섬에서 비행기를 타고 아래의 풍경을 보면, 롬복섬으로부터 동쪽으로 갈수록 초원이 적어지고 건조한 풍토로 바뀌어 가는 것을 알 수 있다. 숨바섬 동부해안선을 따라서 쭉 가다 보면 강가에만 초원이 보이고 황량한 대지가 단조롭게 펼쳐져 있다. 숨바섬은 인도네시아에서도 건조한 지역에 속하며, 특히 동숨바는 오스트레일리아에서 불어오는 건조한 계절풍의 영향을 직접적으로 받아 매우 건조하다. 우기에도 강우량은 그다지 많지 않고, 토양은 주로 석회암질이기 때문에 농업에 적합하지 않다.

숨바섬의 오래된 마을은 수마트라 바탁족이나 술라웨시 토라자족과 같이 비교적 표고가 높은 산 위에 있다. 물 문제를 비롯한 많은 어려움을 감수하고 사람들이 산 위에 사는 것은 어느 정도의 고도에서는 기후가 시원하고 정글의 세력도 약해서 인간이 살기 좋은 환경이 되며, 적의 공격으로부터 마을을 지키기 쉽기 때문이다. 이 때문에 동남아시아 각지의 고산부에는 많은 마을들이 형성되어 있다.

인도네시아 동서부의 산악지대는 대륙 산간부에 비해 전통문화를 훨씬 순수한 형태로 보존해 오고 있다. 예를 들어, 그들이 가지고 있는 생활문화가 그 전형인 사례이다. 일부 지역은 종교적으로 외부의 영향을 받기도 했지만 아직도 많은 지역은 전통문화가 예전 형태로 남아 있다. 이는 고산지대 주변이 광대한 열대 정글로 둘러싸여 다른 세계로부터 고립되어 왔기 때문이다.

동남아시아 농경문화는 「근재根栽, 뿌리류 재배」, 「불벼」, 「인도벼」 등의 세 개 작물의 확산으로 발전되었다고 추정된다. 이 세 작물들의 제1의 물결은 멜라네시아와

숨바섬의 오래된 마을
숨바섬의 오래된 마을은 비교적 높은 산 위에 위치한다.(도산 마을, 서숨바)

폴리네시아의 얌참마의 일종, 토란, 빵나무, 바나나 등의 근재이다. 이러한 뿌리류 작물근재문화 또는 古栽培文化라고도 한다은 동남아시아로부터 멜라네시아나 폴리네시아에 전해진 것으로, 동남아시아는 근재문화根栽文化의 기원지라고 할 수 있다.

농경문화의 제2의 물결은 「불벼subjaponica, 熱帶島型品種群」이다. 이것은 발상지인 중국 운남성 주변에서부터 발전하여 후에 동남아시아 세계에 확산되었다. 불벼는 동손문화의 한 요소로서 동남아시아 각지에 꽤 일찍부터 전개되었다고 추정되며, 동손동고銅鼓의 분포는 불벼의 분포와 거의 일치하고 있다. 때문에 동남아시아 지역에서 널리 재배되고 있는 「불벼」 농사를 「동손형 도작」이라고 부르는 학자도 있다.

제3의 물결은 「인도벼」의 물결이다. 이것은 벵갈 계열의 장립長粒의 벼를 가리켜 인도에 들어가 벵갈만을 건너고 동남아시아에 전해졌다고 한다. 인도벼의 최초의 도래는 1~2세기로, 이 벼가 확산된 것은 캄보디아의 크메르인이 세력을 확대하는 9세기 경으로 추정되고 있다.

농업이라고 하는 면만 봐도 이 불벼 문화권의 고립성과 그 때문에 귀결된 독자성은 명료하다. 숨바족이 최초로 사용한 기술은 화전이다. 그들은 여러 가지 농기구의 존재와 사용을 몰랐지만 이후 독자적인 수도경작법을 창출하였다. 그것은 산경사면의 용수지점에 논을 만들어 거기에 많은 물소를 몰아넣고, 그것을 걸어 돌아다니게 하는 이른바 「제경蹄耕」이었다. 예를 들어, 숨바족은 토라자족과 같이 제경은 방대한 수의 물소를 필요로 하고, 하나의 독특한 생활체계를 만들어 내었다.

인도네시아 도서부의 벼의 재래품종은 불벼라고 불리는 것으로, 한국과 일본벼와 비슷하다. 불벼는 대륙부의 평원이나 델타에서 만들어지는 인도 벼보다 한국과 일본의 벼에 가깝다. 불벼에는 최초 몇 개의 벼군이 있었지만, 그 중의 한 무리는 남북으로 나뉘어 확산되기 시작한다. 북쪽으로 간 것은 한국과 일본에 이르고, 남행한 것이 동 인도네시아의 불벼가 되었다고 한다. 적도에 확산한 벼는 그 극한 열대지방의 고온다습한 기후를 피하여 고지에 올라가 제경蹄耕벼농사의 세계를 만들어 냈다.

이 제경과 불벼농사권이라고 하는 것은 수마트라, 보르네오, 술라웨시, 플로레스, 숨바로부터 북상해서 필리핀으로 전해진다. 운남지방雲南을 남하한 불벼는 동인도네시아의 가장 끝까지 도달하면서 그곳으로부터 흑조黑潮를 타고 급북상한다. 동인도네시아 도서부의 산악지대라고 하는 곳은 일종의 산지형 고도문화권인 것이다.

숨바도민의 생업은 벼농사를 중심으로 하는 농업이다. 서부지역에서는 자급자족할 수 있을 정도의 쌀이 수확되지만, 대부분은 화전경작으로 옥수수, 콩, 커피를

제경蹄耕

논갈기의 가장 원시적인 방법은 물소무리를 논에 풀어서 흙을 부드럽게 해 벼를 심는 방법이다. (서숨바)

재배하고 있다. 동숨바는 물 부족 등 어려운 자연환경 때문에 가축과 직물이 주된 산물이며, 그 이외에 특히 눈에 띄는 산업은 없다. 그 결과 행정상「빈곤마을」로 지정되어 정부의 특별한 보조를 받고 있는 마을이 많다. 특히 숨바는 옛부터 아라 비아인이 도입했다고 하는 말 사육지로 알려져, 동부에서는 말이 주요한 수출품목 이 되며, 산간부에서는 아직도 말이 중요한 수송수단으로 이용되고 있다. 가축은 닭을 제외하면 물소가 가장 많고 그 다음이 말, 소의 순서이다. 물소는 제사용으로 높은 교환가치를 갖고 있기 때문에 소유 정도에 따라 재산의 정도를 알 수 있다. 숨바의 특산물로는 말 외에도 아름다운 색채와 문양이 다양한 동부의 수직물Ikat이 유명하다. 동숨바의 수직물에 나타나는 문양은 여러 가지 주술적 성격을 갖고 있 으며, 이러한 문양은 돌멘에도 자주 나타난다.

숨바섬은 원래 초원에 덮인 아름다운 섬이었다. 모든 산들에는 향료로 인기가 높았던 백단샌들·우드 나무가 있었다고 한다. 마자파이트Majapahit 왕국이나 유럽의 식민지 지배자들은 숨바섬을 백단재의 산지로서, 가축과 노예무역과 관련하여 주 목했다. 특히 16세기에는 포르투갈인 항해자들에 의해서「샌들 우드 섬Pulau Cendana」이라는 이름으로 유명해진다. 19세기 말에는 백단나무가 전부 벌채되어 숨바섬의 땅은 석회질의 황무지가 되어 버렸다. 특히 동숨바는 동東인도네시아 제 도와는 경관이 전혀 다르다. 건조한 대지 위에는 소나 말이 방목되어 길러지고 있 을 뿐, 농업에는 전혀 적합하지 않는 땅이 되었다. 오래된 숨바섬의 직물Ikat에는, 야생사슴의 문양을 자주 볼 수 있지만, 오늘날 숨바섬에서 그 모습이 완전히 사라 졌다. 이러한 자연환경의 파괴로 인해, 동숨바는 동인도네시아 제도에서 가장 가 난한 섬이 되었다.

숨바섬에는 사부섬으로부터 이주해 온 사부인특히 동숨바, 기독교도과 플로레스섬의 엔데로부터 온 엔데인이슬람교도, 그리고 자바인이슬람교도, 롬복인이슬람교도, 숨바와의 비 마인이슬람교도, 화교기독교도 등 소수의 외래계 민족집단을 제외하면 숨바인Tau Humba이라고 총칭되는 사람들이 거주하고 있다. 특히 플로레스인, 사부인과 숨바인과는 형질인류학상 친연성이 깊다. 예를 들면, 친한 친족 사이에는 얼굴을 가까이해서 코를 비비는 인사, 카누를 상징하는 사회현상, 돌멘 등의 공통되는 문화가 많다.

숨바섬의 언어는 인도네시아의 다른 지역과 동일한 오스트로네시아Austronesia어계의 언어가 사용되고 있다. 동숨바에서는 대략적으로 「군Kecamatan」마다 언어적인 지역차가 보이지만 서로 이해가 가능한 정도이다. 캔 베라어라고 하는, 본래는 와잉가푸가 위치하는 캔 베라 지방의 언어가 동숨바의 넓은 지역에서 사용되고 있다. 한편 서숨바에서는 언어의 지역차가 훨씬 크고, 서로 다른 여섯 개의 언어가 사용되고 있다.

숨바인의 인사
얼굴을 가까이 해서 코를 비비는 것이 전통적인 인사이다. (디키타 마을, 서숨바)

숨바섬의 카누

예전에는 숨바섬 남부지방의 타림방산 돌멘 석재가 카누로 옮겨졌다고 한다. (와누카카 마을, 서숨바)

2. 숨바인의 생활문화

의 복

숨바섬의 여성들이 짜는 직물이캇은 생활 수입원으로 큰 비중을 차지하고 있다. 그리고 숨바섬에서 만들어지는 직물은 문양의 풍부함과 디자인 구성의 독특함이 세계적으로 높게 평가되고 있다. 직물은 발리섬에 가져가 기념품으로 팔리는 것 외에 일상생활에서 생활물자와 교환되거나 금은의 장식품, 말과 소에 필적하는 재산으로 여겨져, 죄를 범했을 때에 벌금 대신에 지불할 수 있는 화폐처럼 사용되고 있다. 모든 직물은 부계자손으로 계승되어서 결혼할 때 직물의 매수가 부의 상징이 되고 장례에도 필수 불가결한 것으로 되어 있다.

인도네시아 제도에서 만들어지는 직물의 문양은 대부분 단순한 장식이 아니다. 거기에는 그들 문화와 신앙에 근거한 중요한 「의미」가 포함되어 있다. 예를 들면, 부족생활을 규율하는 관습법과 부족역사 또는 그들이 믿는 세계관을 상징적으로 표현하며, 그것을 몸에 걸친 사람의 사회적 지위나 출신을 나타내고 있다.

문양 중에는 몸에 걸치는 것만으로도 천재지변이나 병마로부터 가족과 일족을 지킨다고 하는 것도 있다. 특히 내세를 믿는 사람들에게 있어서 가장 중요한 장례식 때에는 죽은 사람이 내세에서도 같은 지위에 머물 수 있도록, 그리고 남아 있는 사람도 향후 행복하게 살 수 있도록, 조문객들이 직물을 가져와 고인과 함께 매장한다.

이캇을 짜는 것은 대단한 작업이다. 우선 실을 물들이지만, 완성된 모양을 생각하면서 방염하는 부분을 실로 묶어 염액에 담아 물들인다. 두세 가지 색을 사용할 때는, 이 작업을 두세 번 반복한다. 다음에 묶은 실은 모두 풀어 베틀에 걸치고 횡사를 넣으면서 짠다. 하루에 몇 cm밖에 짤 수 없는 끈기를 필요로 하는 작업이다. 보통 한 장의 이캇을 완성하는 데는 적어도 수년이 걸리고, 그중에는 10년 이상 걸리는 것도 있다.

숨바섬의 직물은 힝기Hinggi, 살롱Salong, 슬렌당Selendang으로 불리는 것이 있다. 힝기는 남자용 허리띠와 어깨띠가 되는 옷으로, 약 270×60cm의 옷감 두 매가 한 조가 되고 있다. 살롱은 여자용 옷으로 약 120×80cm의 옷감 두 장을 원통 모양으로 봉합한 것으로 치마처럼 입는다. 슬렌당은 옷감을 둘 또는 네 겹으로 접어서 어깨에 걸치지만 남성은 머리에 감기도 한다. 머리에 감는 카포타로 불리는 것이 있는데, 이것은 무지를 사용해 부족ㆍ계급에 의해 형태가 다르다.

문양은 동숨바와 서숨바에 큰 차이가 있다. 전자는 사실적ㆍ회화적인 인물, 동물, 물고기, 새가 많은 데 비해 후자는 기하학적인 문양이 주류가 되고 그 안에 생활관과 세계관도 표현되어 있다.

숨바섬에서는 고상가옥의 마루 밑이나 시원한 나무 그늘에서 이캇을 짜는 여성의 모습이 눈에 많이 띈다. 숨바인은 마라푸「조상신」이나 「정령」를 소중히 하여, 정중하게 받들어 모신다. 왜냐하면 그들의 사회생활은 모두 마라푸가 전지전능한 힘을 가져 지배하고 있다고 믿기 때문이다. 즉, 마라푸를 받듦으로써 전지전능한 신으로부터 가호를 받는다고 믿기 때문이다. 이러한 마라푸신앙은 이캇 문양에도 뚜렷하게 나타나고 있다.

숨바섬의 이캇에는 동물문양사자, 사슴, 물소, 악어, 거북이, 말, 뱀, 새우, 닭 등이 자주 등장하는데, 이것들은 모두 마라푸신앙으로부터 오는 상징적인 의미를 가진 문양이다. 예를 들면, 악어는 인간이 가장 무서워하는 동물로 권력자인 「라자Raja, 왕」의 권위가 강한 것을 나타낸다. 물소는 라자 혈통의 상징이며, 거북이는 등껍데기가 매끄럽고 딱딱하여 갑옷처럼 라자의 몸을 보호해 줄 것을 기원한 것이다. 이러한 문양은 라자를 위해서 짜는 옷에만 등장한다.

말의 문양은 고인의 영혼을 내세에 옮기기 위한 것으로, 일반적으로 부의 상징이다. 뱀에는 초능력이 있어 천상계와 지상계와의 중개자라고 믿고 있다. 내세의 마을에 도착했을 때 "마을의 문을 열어 주시오"라고 신호를 하는 것이 닭이다. 새우는 탈피를 하기 때문에 죽어도 다시 태어나는 환생을 상징한다. 또한, 색이 나타내는 의미도 전해지고 있어, 남색은 번영과 풍작을, 노란색은 영예를, 빨간색은 용기를, 흰색은 신성을 상징한다.

숨바인은 내세를 믿어 죽음은 현세로부터 내세로의 여행이라고 생각하고 있다. 그 때문에 라자Raja는 내세에서도 권위를 나타낼 수 있도록 장례식 때 대량의 가축물소, 말을 제물로 해서 100장이 넘는 이캇을 부장한다.

그리고 숨바섬 사람들이 입는 옷의 문양에는 숨바섬 역사가 고스란히 드러난다. 인도풍의 문양, 네덜란드 풍의 문양이 그것이다. 인도풍의 문양에는 「파토라 문양」꽃 문양이나 인도 고대 서정시를 주제로 한 「라마야나 문양」 등이 있다. 이것들은 13세기에 인도 전래의 힌두교를 신앙하고 있었던 마자파이트 왕국의 영향에 의한 것으로, 왕국의 영향이 이 숨바섬까지 미쳤던 것을 보여준다. 네덜란드 문양에는 라이온의 인장, 「네덜란드 국기」와 「네덜란드 여왕의 모습」 등이 있는데, 이것들은 17세기에 시작하는 네덜란드 식민지 시대에 식민지 정부가 각 지방 라자들의 지위를 인정했다고 하는 권위를 나타내는 문양이다.

그 밖에 섬 안에서 자주 부족 사이의 분쟁이 있어, 적의 머리를 장식한 문양 「아둥문양䯒架文」이 있다. 숨바섬 특유 문양의 하나로, 싸움에 이기면 이 장식으로 전승을 축하하는 관습이 있었고 왕족만 사용할 수 있다.

이캇 이외의 직물 가운데 주목해야 할 것은 조가비나 베네치안 비즈로 수를 놓은 옷이다. 수입품인 비즈는 매우 고가의 것으로 대부분은 숨바섬 특산의 백단나무와 물물교환으로 모아졌다. 그 때문에 이러한 옷은 귀중품으로 부의 상징이 되어 주로 왕비의 의례의상으로 사용되었다. 조가비와 비즈로 자수된 옷에는 양손을

숨바섬 왕비의 제사 의식용 옷

(린디 마을, 동숨바)

벌리고 서 있는 남자 아이의 모습이 많이 보여지는데, 여기에는 강한 사내아이가 태어날 것을 바라는 주술적인 의미가 담겨져 있다. 이런 종류의 옷은 재료조가비나 비즈의 부족으로 수 자체가 적고, 현재 거의 만들어지지 않는다.

숨바섬을 시작으로 하는 소순다열도의 섬들은 큰 섬의 내륙부나 교역 루트로부터 멀리 떨어진 섬들로, 힌두교나 불교를 수용하지 않고 또 이슬람화도 하지 않았던 민족이다. 이러한 민족의 대부분은 20세기까지 대규모 정치적인 조직도 문자도 없고, 일반적으로 소규모의 수장사회Chiefdom를 기반으로 생활하고 있어 토착적인 신앙과 사회구조 그리고 예술을 각각의 마을 안에서 전개해 왔다.

이 민족들이 만든 염직물을 시작으로 하는 조형에는 민족사회나 신앙, 우주관 등과 연결된 주제나 모티프가 표현되고 있다. 그 다양성과 뛰어난 예술성은 인도나 중국의 영향을 받은 동남아시아의 다른 민족의 조형과 대비를 이루는 형태로 동남아시아 도서부의 조형세계를 매우 풍부하게 한 것으로 평가되고 있다.

숨바섬 이캇의 디자인은 예외는 있지만 전체적으로 다이내믹하고 역동감이 흘러넘치고 있다. 직물의 문양에는 조상들의 수호를 기원하거나 자연재해나 병으로부터 지켜달라는 등의 기원이 담겨 있다. 실제로 섬에는 무서운 독충과 동물도 많이 서식하고 있고, 현재에도 지진과 같은 자연재해가 맹위를 발휘하는 일이 적지 않다. 때문에 이캇에 악어, 전갈, 뱀 등의 위험한 동물을 새기고 그것을 입는 사람은 강한 인간이 되기를 소원한다. 이러한 동물문양은 여성의 살롱에 자주 표현되어 강한 남자 아이의 출산을 기원하기도 한다.

이러한 감각은 하이테크 시대에 사는 우리와 몹시 다른 세계처럼 생각될 수도 있겠지만 문양에 소원을 담아 기원하는 것은 보면 한국과 일맥상통하는 점도 있다. 예를 들면, 십장생 문양의 옷으로 장수를 바라는 풍습은 숨바섬의 문화와 그다지 다르지 않다. 그런데 현재, 한국과 같이 숨바섬에도 바지나 셔츠 등 양복이나 기계방직으로 대량생산되는 기성복이 보급되어 특히 시가지에서는 옛날과 같은 전통의상이 급속히 사라지고 있다. 숨바섬의 특산물인 이캇도 특산품으로서 양산

숨바섬의 수직 옷Ikat

이캇에는 자주 동물문양사슴, 물소, 악어, 거북이, 말, 뱀, 새우, 닭이 등장하지만, 이것들은 모두 마라푸신앙으로부터 오는 상징적인 문양이다. (린디 마을, 동숨바)

화가 진행된 결과 시간을 들여 짜낸 훌륭한 솜씨의 직물이 사라져 가고 있다.

인도네시아의 독립에 의해서 섬에 남아 있던 계급제도는 없어졌고, 교통의 발달과 텔레비전 등의 보급으로 사람들의 자연이나 만물에 대한 경외심도 서서히 사라져 가고 있다. 머지않아 이캇에 그려지는 문양도 단순한 장식 디자인이 되어 갈 것이다.

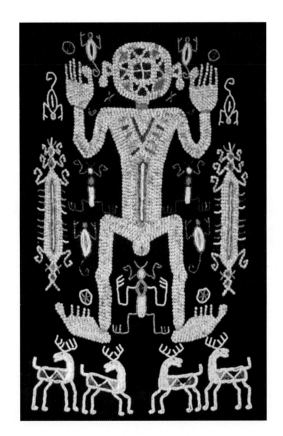

숨바섬의 왕비의 제사 의식용 이캇
조가비와 비즈로 수를 놓은 여성상과 그 아래의 전갈은 강한 남자아이의 탄생을 바라는 주술적인 의미가 담겨 있다. (린디 마을, 동숨바)

식문화

동남아시아를 지리적 · 기후적 · 생태적으로 보면 열대 몬순의 다우림지대로 정리할 수 있다. 이러한 자연환경에 의해 기본적 생업이나 생활양식, 거기에 연결되는 가족구조와 촌락구조의 유사성이 보인다. 예를 들어, 쌀을 주식으로 하는 식생활, 대나무나 야자나무로 만들어진 지상보다 마루를 높게 한 고상가옥, 허리띠 스타일의 전통의복 등의 생활문화에서 많은 동질성이 인정된다. 그 밖에도 동남아시아의 기층문화 속에는 정령숭배를 시작으로 하는 애니미즘이나 조상 숭배와 같은 정신문화의 공통성이 있다. 이러한 것들은 벼농사 문화와 밀접한 관계를 가지고 오늘에 이르고 있다.

기본적으로 숨바인의 주업은 농업으로, 주식은 쌀이다. 일부 지역에서는 「우비 Ubi」라고 하는 고구마류, 옥수수를 주식으로 한다. 전통적인 숨바 요리는 자극이 강한 향신료고추를 친 것으로 향기가 강한 뿌리나 잎, 열매, 양파, 마늘, 발효시킨 물고기의 페이스트, 레몬즙, 코코넛 오일 등을 사용하여 풍미가 강하다. 김치를 먹고 자란 한국인조차 눈물과 땀을 흘릴 정도로 매운 전통 숨바 요리용 고추는 현재 가격이 올라 농촌에서는 소금만으로 맛내기를 하는 경우가 많다.

숨바인의 일상 식사는 조촐하다. 전반적으로 가난한 섬이므로 많은 사람들은 1일 2식의 식사를 하는 것이 고작이다. 식당은 동숨바의 와잉가푸, 서숨바의 와이카부박 이외에는 거의 없다. 본래 인도네시아 제도에서는 가족 모두가 함께 식사를 하는 습관이 별로 없었다고 한다. 보통 식사를 만드는 것은 여성이다. 주부가 아침에 넉넉하게 요리를 해 두면, 가족 각각은 자신이 좋아하는 시간대에 먹는 것이 일반적이었다. 근래에는 도시지역에 학생과 샐러리맨이 증가함에 따라 식사시간이 어느 정도 정해지게 되었지만 농촌에서는 아직 이러한 생활습관이 꽤 남아 있다.

본래는 검소한 토기가 식기로 사용되었지만, 현재는 플라스틱 접시와 스푼, 포크가 많이 보급되어 있다. 반찬으로는 채소, 고기, 생선 등이 있다. 닭고기 이외에는 돼지고기, 산양고기, 쇠고기가 식용되고 있지만, 이것들은 특별한 날에만 먹을 수 있다. 인도네시아 제도에서 가장 흔히 먹는 고기요리인 소토 칸빈산양의 수프과 사테 칸빈산양의 꼬치구이도 시내 일부 식당에서만 먹을 수 있다.

짠맛을 내는 데 사용하는 조미료로는 소금이 일반적으로 쓰이며, 새우를 페이스트paste 상태로 만든 조미료인 「트라시」도 있다. 소금과 함께 인도네시아에서 많이 사용되고 있는 조미료는 화학조미료이다. 이것은 문화가 다양한 동남아시아에

의례날의 식사 풍경
관혼상제나 돌멘 축조의 의례날에는 주최자가 참가자 전원에게 식사를 대접하는 것이 관례이다.
(디키타 마을, 서숨바)

조리된 돼지고기
의례에는 반드시 많은 돼지가 도살된다. (파승가 마을, 서숨바)

서 유일하게 공통되는 조미료로, 우리나라 「미원」과 일본의 「아지노모토」가 격렬한 시장점유 경쟁을 하고 있다. 이 밖에도 숨바 요리에 잘 사용되는 것은 고추, 마늘, 생강 그리고 양파이다. 또한 기름은 야자유를 사용하고, 코코넛 밀크를 조미료로도 사용하기도 한다.

음식은 면류를 제외하고는 기본적으로 손으로 먹는데, 특히 오른손만을 사용하는 것이 매너이다. 상류계급이나 레스토랑에서는 오른손에 스푼, 왼손에 포크를 들고 식사한다. 라면과 같은 면류는 젓가락을 사용하고, 국물이 없는 음식은 스푼과 포크를 사용한다.

인도네시아는 이슬람교도가 대다수이지만 주류의 입수는 간단하다. 맥주는 현지의 숨바인에게는 너무 비싸기 때문에 도민의 일반적인 음료는 아니다. 특히 서숨바인은 야자의 열매로 만든 투악이라고 하는 술을 마신다. 투악은 설탕 야자로 만드는 술로 새콤달콤한 맛이 나며, 한국의 막걸리와 비슷하다. 투악을 한층 더 증류해 무색의 알코올 도수가 높은 「아락」도 널리 마시고 있으며, 네덜란드의 식민지 지배 영향으로 섬 전체에서 커피를 일상적으로 마신다.

| 가옥문화

다른 동東인도네시아와 같이, 숨바인들의 「집」은 단지 주거뿐만 아니라, 사회적인 단위이기도 하다. 숨바어로 「우마Uma」는, 전통적인 집과 부계의 그룹을 의미한다. 선조의 집은 고유명사로 불리고, 오랫동안 의례를 올리는 중심이 되어왔다. 「우마」를 신축 또는 개축하는 경우는 많은 사람들이 동원되고 막대한 비용이 든다.

숨바섬의 관습 가옥군의 구성은 호수의 차이는 있지만 어느 부계씨족이라도 기본적 패턴은 같다. 숨바섬의 각 집안은 격차를 가지고 있어 제사장의 세습적인 고유 직능과 조상의 마라푸신 존재를 기반으로 집안이나 혈통이 강조된다. 또한 그러한 상징적 이면서 실체적인 「집」은 부계씨족의 혈통을 더듬어 대대로 계승된다. 그리고 숨바섬에는 특정한 역할을 담당하는 집, 예를 들면 관습 가옥Uma Bakulu, 민가, 작업용 가옥, 마라푸신당Uma Marapu, 점술하는 집Uma Ana Manu 닭, 돼지의 심장으로 운세를 점치는 집 등 여러 용도의 가옥이 있다.

숨바섬의 전통가옥은 야자잎 또는 알랑알랑이라고 하는 풀로 덮인 초가의 뾰족한 지붕을 특징으로 한다. 기둥에는 야자나무가 사용되고 마룻바닥, 벽, 지붕은 모두 대나무로 만들었으며 못은 일절 사용하지 않는다. 가옥의 수직적 배치는 세 부분으로 구분된다.

숨바의 전형적인 마을 경관

뾰족한 지붕의 주거와 광장에 점재하는 거석묘가 특징이다. 돌멘은 아이들의 놀이터이며, 의례 때 중요한 공간이기도 하다. (푸라이리앙 마을, 동숨바)

① 마라푸가 사는 지붕 밑여기에는 부계씨족 Kabihu에 전해지는 옛부터의 세습재가 있다

② 마루 위인간의 생활공간

③ 마루 밑가축의 생활공간

가옥의 수직적 배치는 조상의 혼, 인간, 동물이라고 하는 세 개의 층으로 되어 있다. 집의 최상부에 마라푸신Marapu이 모셔지고, 중간이 인간, 마루 밑이 가축의 공간이다. 따라서 관습가옥의 경우에는 집이 높으며 주거의 내부는 성스러운 남자의 영역과 세속적인 여자의 영역으로 명확하게 2원적 구분을 한다. 우측이 남

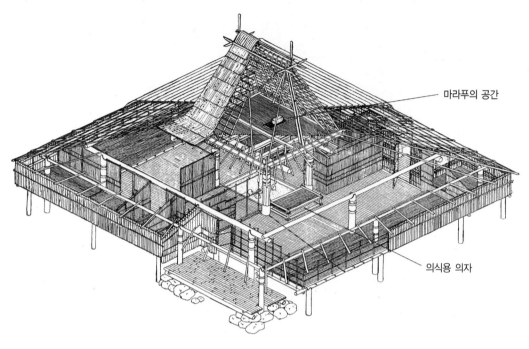

마라푸의 공간

의식용 의자

숨바섬의 전형적인 가옥구조

지붕의 아래는 마라푸신이 사는 장소이며, 마루 위가 인간의 공간, 마루 밑은 가축의 집이 된다.(윤부 마을, 동숨바)

자의 영역, 즉 성스러운 영역으로 특별한 손님을 대접할 때 이외에는 일상적으로는 사용되지 않는 공간이다. 또한 여자는 여기에 발을 디디는 것조차 금지되고 있다. 좌측은 여자의 영역으로, 일상생활의 장소이다.

중국 남부 운남성과 동남아시아 각지에서 발견된 선사시대 청동제 동고銅鼓 중에는 고상가옥의 그림이 그려져 있는 것이 있다. 가옥은 크게 뻗어나온 용마루를 특징으로 해서 지상보다 마루를 높게 한 건물이다. 옥내에는 사람들이 그려져 있고, 마루 밑에는 비스듬하게 사다리가 걸쳐져 있다. 그림을 자세히 살펴보면, 돌출된 지붕의 첨단을 기둥이 떠받치고 있다. 지붕 위에는 죽은 사람의 영혼을 나르는

주형舟形 지붕의 가옥 그림
기원전 3~기원전 2세기경으로 추정된다. (베트남, 호안하 출토)

새가 있고, 지면 위에는 웅크리고 무엇인가 작업을 하는 사람이 있다. 그 오른쪽에는 두 손으로 큰 막대기를 잡고 앉아 있는 사람들의 그림이 그려져 있다. 이 그림은 쌀을 탈곡하는 광경이며, 이 동고가 제작된 시점에서 이미 수전농작이 시작된 것을 알려주고 있다.

숨바섬과 매우 닮은 가옥은 플로레스섬 산악지대에도 산재하는데, 아담스Adams는 "뾰족한 지붕은 거꾸로 한 배의 용골 부이다. 완만한 경사면이 되는 부분은 나고라Naggora라고 하여, 배의 좌판을 의미하고 있다. 신성한 전면의 기둥은 돛대이며, 거기에 있는 장식은 항로를 나타낸다."고 소개한다. 이와 같이 동남아시아 고상가옥의 형체와 구조는, 거대한 배를 표현한 것이다. 가옥을 배로 상징하는 것은 플로레스섬과 사부섬의 산악지대에 살고 있는 민족도 마찬가지이다.

청동제 동고銅鼓의 도안은 모두 양식화되어, 이 도안과 매우 닮은 형식의 가옥이 술라웨시섬 산악지에 사는 사당 토라자족에도 존재한다. 가옥의 전후로 휘어 올라간 거대한 지붕은 그 아래에 있는 인간의 거주공간을 아득하게 넘어 지상에 놓인 배를 방불케 한다. 토라자족에는 조상이 바다를 건너 배를 짊어지고 강을 거슬러

건축 중인 집

기둥은 야자나무가 사용되고, 그 밖는 모두 대나무가 사용된다. (발리 라마 마을, 서숨바)

지붕의 '알랑알랑' 이라고 하는 풀을 바꿔 넣고 있다. (타룽 마을, 와이카부박)

씨족의 집 벽면을 장식하는 물소뿔

물소뿔은 부의 상징이며, 길이에 따라 가치가 정해진다. (보드에데 마을, 서숨바)

가옥 내부(라탱게로 마을, 서숨바)

망가라이족의 거주지

망가라이족은 고지의 마을에 산다. 관습가옥을 중심으로 거석광장이 있어 돌멘이 무덤으로서 사용되고 숨바도민과 많은 공통문화를 가지고 있다.(와이레보 마을, 플로레스)

올라왔다고 하는 전설이 있다. 또한 배는 조상의 최초의 거주처인 것과 동시에 사후의 영혼이 다시 고향의 나라로 여행을 떠나기 위해서 꼭 필요한 것으로 간주된다. 배와 같은 형태의 가옥은 토라자족에게 거주지 이상의 개념이며, 조상과의 연결을 유지해 주는 매개체이자 사회를 통합하는 상징이다.

가옥 그림의 청동제 동고銅鼓가 만들어진 것은 기원전 3~기원전 2세기로 여겨지지만, 토라자 건축양식이 그 시대까지 거슬러 올라간다고 하는 증거는 없다. 그러나 토라자와 같은 조상 전승은 인도네시아의 넓은 지역에 분포하고 있어 배와의 관련을 암시하는 다양한 상징을 가지고 있고, 지금도 생활의 다방면에 걸쳐서 많은 영향을 끼치고 있다. 대표적으로, 숨바섬의 동쪽 사부섬에서는 가옥은 배로 간

리오족의 관습가옥(죠프 마을, 플로레스섬)

주된다. 또한 플로레스섬 리오족에서는 용마루를 지지하는 두 개의 기둥을 마스트로 불려 가옥은 돛을 친 배에 비유된다.

말하자면, 배는 이 지역문화의 요점이 되는 개념이며, 그 유래는 자주 동손문화와 연결시켜 이해되어 왔다. 배를 암시하는 지붕의 모티프는 유형적인 문화영역을 넘어, 중국에서는 운남성 석새산石塞山 유적 출토의 저패기貯貝器에 고상가옥이 있고, 한국 남부의 옥전유적의 고상가옥의 토기, 제주도 삼양동 유적의 고상가옥터, 고구려 덕흥리 고분벽화, 일본의 고분시대의 동탁전카가와현 출토, 청동제 거울이나 가형토용 등에 나타나 있다.

고상가옥은 동남아시아 특유의 건축기술에서 유래했을 가능성도 지적되고 있다. 태국의 온바동굴에서 발굴된 청동제 동고를 시작해 시대의 흐름과 함께 청동

고상가옥 그림(銅鼓, 인도네시아 산계안섬 출토)

제 동고의 건축도로부터도 극단적인 주형舟形 지붕은 그늘을 감추어 버린다. 인도네시아 산계안Sangean섬에서 발견된 청동제 동고에는 지붕이 완만하게 경사진 고상가옥이 그려져 있다. 옥내에서는 엎드려서 인사하는 손님을 집주인으로 보이는 인물이 맞이하고 있으며, 마루 밑에는 돼지, 개, 닭 등의 가축이 있다. 이 청동제 동고는 그림문양의 고증에 따라 3세기에 부남扶南에서 제작되었다고 추정되지만, 용마루가 휘어진 상태나 처마의 바깥으로 경사를 가진 지붕은 그 후에도 동남아시아 목조 건축의 특징으로서 오랫동안 이어진다.

8~9세기에 걸쳐 건설된 자바섬 보르부도르Cand Borobudor와 프람바난Cand

보르부도르 「거센 파도를 건너 이국에 도착한 사람들」
좌측에는 고상가옥, 우측에는 대형 범선의 카누가 부조되어 있다. (중부 자바)

Prambanan의 회랑 벽면에는 고상가옥 부조가 있다. 보르부도르의 「거센 파도를 건너 이국에 도착한 사람들」이라고 하는 부조 좌측에는 고상가옥이, 우측에는 대형 범선의 카누가 부조되어 있다. 이에 대해서 중국 역사서는 "토지와 미곡이 많아, 거부의 집은 만여 개의 창고를 가지고 있다"『諸蕃志』 蘇吉丹條라고 적고, 현재도 곡식창고는 일종의 사회적 지위의 상징이다. 고상가옥과 함께 고상 곡물창고穀物倉庫건물도 보르부도르와 프람바난의 부조에 등장하고 있다. 사당 토라자족이나 토바 바탁족과 같은 형식의 고상가옥을 짓는 민족은 많지만, 숨바와섬 동고Donggo족 가옥이나 숨바섬의 가옥은 곡창의 구조를 가옥에 전용했을 가능성이 많다. 숨바섬에서는 하늘로 향해 내민 지붕 안에 쌀이 아니라 선조 전래의 보물이 보관되어 특별한 날을 제외하고 지붕 밑에 오르는 것조차도 금지되고 있다.

숨바섬의 신화와 역사

1. 숨바섬의 신화

난생신화와 동손문화

숨바족은 언어적·문화적으로 동남아시아를 기원으로 하는 소수민족의 하나로, 그들의 선조는 오스트로네시아어족Austronesian이다. 오스트로네시아어족의 범위는, 동쪽으로 태평양의 이스터 섬, 서쪽으로 인도양 서부의 마다가스카르, 남쪽으로 뉴질랜드, 북쪽으로 대만, 하와이 제도를 포함하고 있으며, 500개 이상의 언어가 사용되고 있다. 고고학적인 조사에 의하면, 오스트로네시아어족의 고향은 중국 남부와 북베트남으로, 약 6000년 전부터 동남아시아의 도서부와 태평양의 많은 섬에 확산되었다고 한다. 오스트로네시아어족이 가지는 공통적인 문화는 머리사냥, 고상가옥, 선조신앙, 거석유구의 축조이다.

그런데 동남아시아의 가장 특징적인 신화는 난생신화이며, 그것은 동손문화와도 깊은 관계가 있다. 예를 들면, 북베트남은 동손시대의 중기기원전 3세기 말에 남월국 南越國, 중국의 광동성, 광서성 세력 아래에 있었다. 기원전 2세기 말부터 10세기까지 중국에 복속되는데, 그보다 앞의 청동기시대를 「웅왕雄王 시대」라고 부른다. 14세기경의 베트남의 사서 『월사략越史略』은 기원전 7세기 초에 북베트남의 이인異人이 환술을 사용해서 제 부족을 따르게 하고, 웅왕이라 칭해서 문랑국文郎國을 일으켜 18대까지 계속되었다고 기록되어 있다.

또 15세기의 『대월사기전서大越史記全書』에 의하면, 동남아시아계의 주용군蚹龍君과 중국계의 창媱 공주와의 사이에서 「100개의 알」이 태어났는데, 그 「알」에서 태어난 남자가 웅왕雄王이 되었다고 한다. 제18대 웅왕 때는 왕의 딸에게 초나라 왕이 구혼해서 거절당했다. 그 다음에 국내의 해양세력과 내

제단석과 아둥「적의 목을 거는 기둥」
기둥 상부의 야자잎으로 만들어진 금줄은 금기taboo의 표시로, 이 표시가 있는 곳에서는 어떠한 소동도 일으켜서는 안 된다.(와이가리 마을, 서숨바)

륙세력이 구혼을 하는데, 왕은 양자를 겨루게 해서 싸움에 이긴 내륙세력에게 딸을 주었다. 이를 원망한 해양세력은 홍수를 일으키고 초나라 왕의 손자 안양왕安陽王은 문랑국文郎國을 쓰러뜨려서 증선국甑船國을 세웠다. 그러나 그 안양왕도 곧 조타趙他에 멸망되었다고 하는 신화가 전해지고 있다. 이 신화는 구조적으로 보면, 우주론적 대립축해양계와 내륙계이라고 하는 국제관계론적인 대립축북국·남국이 겹쳐서 전개되고 있다. 베트남 최초의 왕국은 우주론적·국제관계론적인 다른 세계 사람과의 조화 위에 성립하고, 헤겔 I식 동고銅鼓의 문양에는 당시의 신화적인 내용을 알리는 그림이 그려져 있는 것이 주목된다.

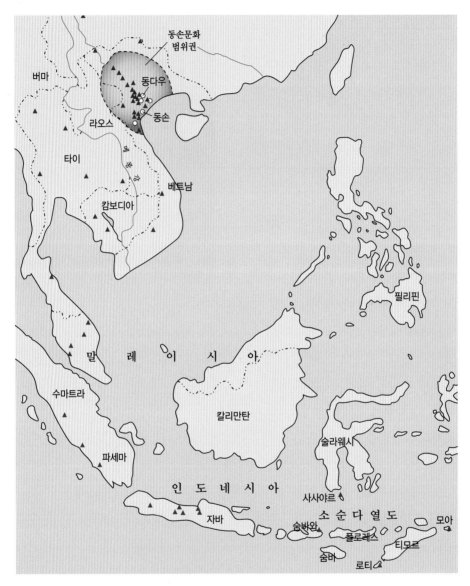

동손문화
범위권

버마

동다우

라오스

동손

타이

베트남

캄보디아

필리핀

말   레   이   시   아

수마트라

칼리만탄

파세마

술라웨시

인 도 네 시 아

사사야르

자바

소 순 다 열 도

숨바완

모아

플로레스

티모르

숨바

로티

헤겔 I식 동고銅鼓의 분포도(스미스소니언Smithsonian 연구소)

헤겔 I식 동고銅鼓(산계안섬 출토)

헤겔 I식 동고의 옆면(산계안섬 출토)

헤겔 I식 동고의 윗면(산계안섬 출토)

헤겔 I식 동고銅鼓를 보면 머리부鼓面과 그 주위, 몸통부胴部, 다리부脚部로 명확히 구분되어 있다. 단 일반적인 구상문양具象文樣, 즉 동물문양을 조사하면 머리부는 새가 기본이다. 비조문飛鳥文이 머리부의 고유인 것에 대해, 머리부 주위에서는 절대다수가 서 있는 새이다. 몸통부에서는 사람과 소 등의 지상 동물문양이 기본이다. 이렇듯 헤겔 I식 동고 그림에는 명확한 고저의 구별이 있다.

헤겔 I식 동고는 장례식과 농경수확제石寨山出土의 제장모형의 두 개의 용도가 추정되고 있는데, 상황에 따라서 여러 가지 의미와 기능을 가지고 있었다고 생각된다. 특히 운남성 보령성 석새산雲南省 晉寧縣 石寨山 12호 무덤에서 출토된 저패기貯貝器는 당시의 농경수확제가 생생하게 표현되어 있다. 뚜껑 위로는 고상건물에서 행해지는 의식을 중심으로 하는 풍경이 입체적으로 표현되어 있고, 불과 지름 32cm의 뚜껑 위로 127개의 인물, 건물, 기물器物, 동물의 상이 배치되어 있다. 북면의 중앙을 차지하는 고상건물은 네 개의 기둥이 말 안장형의 지붕을 떠받치고 있다. 지붕은 양측에 차양을 구비하고, 서까래는 용마루에서 교차하고 있다. 가옥 아래에는 지면으로부터 올라가는 두 개의 사다리가 걸쳐 있다. 고상건물 위는 주위에 열여섯 개의 동고를 늘어놓고, 그 안쪽에서 아홉 명의 인물이 의식을 진행하고 있다. 의식을 주재하는 것은 전면 중앙의 1인용 의자에 앉아 있는 인물로, 특히 크게 표현되어 있다. 이 중심인물은 상투를 틀고 양 귀에 귀걸이, 양팔에 큰 팔찌, 배 앞에 원형 띠장식을 하여 그 신분을 과시하고 있다.

지상에서는 건물 뒤의 양측에는 사람의 키 높이를 넘는 두 개의 거대한 동고銅鼓가 놓여지고, 하나의 머리부에는 새가 나는 문양飛鳥文으로, 또 하나에는 사슴이 대열하는 문양으로 북면鼓面이 꾸며져 있다. 양쪽 동고 사이에는 기둥에 알몸으로 붙들어 매여진 남자와 그 뒤에 손과 발이 밧줄로 묶인 남자들이 있다. 기둥과 대칭되는 위치에 원주가 있고, 몇 마리의 뱀이 얽혀 붙어 있으며, 기둥의 아래에는 큰 뱀이 사람을 감아서 삼키고 있다. 이들의 뒤에는 바구니를 가지고, 또는 물고기를 늘

농경수확제 장면
운남성 보령현 석새산雲南省 晋寧縣 石寨山 12호 무덤에서 출토된 저패기貯貝器

어놓고 매매하는 한 무리의 여자들과 기마대 열이 있고, 건물의 뒤에서 마루 위를 구경하는 남자들은 의복으로 보아서 몇 개의 다른 민족을 표현하고 있을 가능성이 높다. 건물의 왼쪽에는 동고銅鼓와 악기, 악사가 있다. 이 악대 앞에는 말과 마부, 돼지, 돼지에게 먹이를 주는 여자가 있다. 악대의 왼쪽으로는 표범과 호랑이가 각각 줄에 매여 있고, 그 맹수를 다루는 사람이 두 명 있는 것 이외에, 뱀과 공작새를 다루는 사람이 있다. 건물의 오른쪽 옆에 큰 칼에 배가 갈라진 소가 드러누워 있고, 그 한쪽에 큰 칼을 가진 남자가 서 있다.

이 저패기貯貝器는 머리부북면, 몸통부胴部, 다리부脚部는, 상上·중中·하下라고 하는 3계를 나타내는 것이다. 숨바섬에서는 아직 헤겔 I식 동고가 발견되지는 않았다.

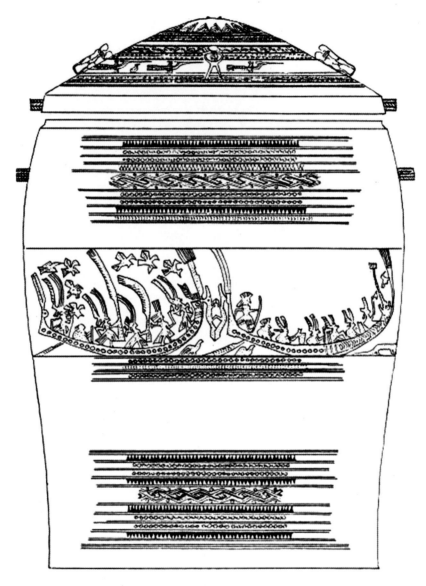

동 옹관(銅甕棺)

몸통부의 배는 사자의 영혼을 천상계에 나르는 「영혼을 나르는 배」로, 뚜껑의 성교상은 사자의 나라에서의 재생을 표현하고 있다.(다오틴 출토, 베트남)

그렇지만 영혼을 나르는 새나 부의 상징인 물소 문양, 기하학적 문양 등은 동손동고와 공통되는 문양으로, 숨바섬의 돌멘과 직물에서 많이 볼 수 있다.

그런데, 「배」 문양때로는 물고기 문양을 수반한다은 항상 동고의 머리 부분에 위치한다. 즉, 하늘과 땅을 배가 이어 주는 구도이다. 예를 들면, 베트남 신화에서는 영웅 「코보」가 「갓 배」를 타고 동해에 뜨는 아침 해로부터 불을 가지고 돌아왔다고 한다. 또 사천四川의 거석유구의 돌은 황하黃河를 거슬러 올라가서 은하銀河에 가서 한漢나라의 장기라고 하는 사람이 직녀로부터 받아 온 것이라고 한다. 베트남과 태국 또는 동인도네시아 신화에서는 죽음의 신이 하늘나라에 가는 도중에 대하를 배로 건너지 않으면 안 된다고 한다.

장례식에서는 동고의 배 문양이 사자死者의 영혼을 나르는 「죽음의 배」를 의미한다. 돌멘이나 옹관甕棺의 배 문양도 같은 의미이다. 사자는 배로 인간계銅鼓 몸통 부로부터 저승銅鼓 북면에 가서 재생하는 셈이다. 사람들은 지금도 사자死者가 선조들이 온 서쪽의 나라로 배를 타고 여행을 떠난다고 믿고 있다. 베트남 옹관 뚜껑의 성교상도 이 재생사상을 나타내는 것으로 동고의 소리 자체가 혼을 부르고招魂, 진혼鎭魂의 기능을 가지고 있었다. 한편, 농경수확제나 계절제에서의 배 문양은 선조나 신을 타계他界=저승로부터 인간계에 운반해서 구질서와 새 질서를 바꾸는 의미를 했다고 해석되고, 양 세계의 교류에 의해 세계가 갱신되는 것으로 믿고 있다. 예를 들면, 동남아시아 각지에서 볼 수 있는 경조競漕=보트 레이스는 고지원리와 저습지원리의 교대를 촉진시키는 의례로 여겨진다. 중국 호남성에서는 경조 전야에 배로 선조를 맞아 들이고 동남아시아 각지에서도 경조배가 「영혼을 나르는 배」의 기능을 가지고 있다. 숨바섬에서도 돌멘은 사자死者의 영혼을 나르는 배로 간주되고, 그 밖에도 사회 전반에 배를 암시하는 전형적인 「주형사회舟形社會」로서, 그 상세한 것은 후술하기로 한다.

헤겔 I식 동고銅鼓에 있는 배 문양

동고 배 문양(晋寧省 출토)

칼리만탄구 보르네오의 가주족은 장례와 그 밖의 제례에서 원초의 창세신화를 재연해서 세계의 질서를 갱신하는데, 신관은 창세신화를 그린 제례 그림을 이용해서 창세신화를 반복 명시한다. 헤겔 I식 동고銅鼓에도 창세신화가 그려져 있다. 베트남 북부 무온족의 창세신화는 동고의 기원신화를 규명하는 데 시사하는 바가 많다. 무온족의 동고銅鼓는 농제農祭에 사용하는 것도 있지만, 수장사회chiefdom의 지배자 장례식에서 이용하는 것이 주가 된다. 「나라」는 열 개 전후의 마을로 이루어지는 최대 정치단위로, 수장세습제은 경지의 분할권이나 사냥터 어장의 관리권을 가지고 중요한 농제나 신년제를 주재한다.

무온족 창세신화에 의하면, 원초의 홍수洪水 후 물과 육지의 경계에 있었던 우주목世界樹에서 나간 두 마리의 새가 동굴 안에 낳은 「알」로부터 만물이 생겼다고 한다. 그리고 1,919개의 우주목 가지가 각각의 나라가 되고, 1,919개의 알이 인간이 되었다고 한다. 신화를 들려주는 신관의 장식에 물고기와 사슴의 깃발이 붙은 것으로 보아 두 마리의 새는 해양세력과 내륙세력과의 대립을 상징적으로 말해주고 있다. 즉, 두 마리 새의 결합은 베트남 신화의 주용군舟龍君과 창娼 공주의 결합과 같이 해양세력과 내륙세력과의 조화를 함축하고 있다.

한편, 동고의 기원신화에 의하면 바다에 떠서 해변에 밀려든 동고를 시조「잇토얀」왕이 입수하고, 기술자들에게 명해서 1,970개의 동고를 만들게 해「각국」의 왕왕가의 선조에게 주었다는 베트남의 신화가 있다. 이 두개 신화 간의 대비홍수 : 바다, 수륙의 경계 : 해변는 명확해서 전자의 세계수世界樹 =「알」은 후의「동고銅鼓」에 대응하고 있다. 이 대응은 고대의 헤겔 I식 동고의 세계수 생명수적 성격과 일치하고 있다. 동남아시아 고대인의 창세신화가「무온형」이었던 가능성은 충분하고, 세계수와 새에 의한 창세라면, 헤겔 I식 동고비조문과 기하학 문양를 이용해서 계속적으로 반복 명시 할 수 있다. 귀주성 동남부의 먀오족도 창세신화로 세계수에서 나간 나비가 물과 접해서 낳는「알」에 대한 이야기가 전해지고, 세계수단풍나무로 만든 나무 북선조제 사용, 평소에는 성스러운 숲에 안치에 시조가 된 나비가 그려져 있다. 또한 세계수를 삽목揷木한 것이 동고가 되었다는 이야기도 전해진다.

이상으로 동남아시아에 있어서의 난생신화와 동고의 관계를 소개하였다. 현재 숨바섬에서는 난생신화의 보고도 없고, 헤겔 I식 동고의 존재도 확인되지 않았지만, 앞으로의 조사에 따라서는 확인 또는 발견될 가능성이 높다. 숨바섬의 오랜 역사는 불분명한 곳이 많지만, 숨바섬에는 도민이 자기들 역사로 간주하고 있는 복잡한 신화와 전승이 현재도 정확한 형태로 각 지방에 계승되고 있다.

숨바의 신화

숨바의 신화에는 우주 창조의 신 「이나 파카우룽구Ina Pakawurungu, 여신」와 「아마 파카우룽구Ama Pakaurungu, 남신」가 남자와 여자를 창조하여 지상의 오래된 숲의 언덕에 보냈다고 한다. 지역에 따라서는 여신을 「이나 불Ina Mburu」, 남신을 「아마 다바 Ama Ndaba」라고 말하는데, 두 사람은 큰 눈과 귀를 가졌고 모든 사람들의 행동을 볼 수 있으며 이야기를 들을 수 있다고 한다.

나중에 남자와 여자는 결혼해서 여덟 명의 아들과 여덟 명의 딸을 낳았다. 열여섯 명의 아이들은 천국과 지상을 연결시키는 역할을 가지고 있었다. 그들은 세계의 각지를 여행하고 마침내 북숨바의 사사르Sasar 동굴에 정착하였으며, 이들이 숨바족의 시조라고 하는 신화가 전해진다.

파오Pao 마을의 직물에 그려진 마라푸신(파오 마을, 동숨바)

또 숨바섬 북부의 카푼독 지방의 신화에는 왕의 씨족 선조마라푸인 「움부 하마라」가 하늘로부터 강림하고, 성스러운 지식을 카푼독에 초래했다고 전해지고 있다. 이것은 이른바 천손강림계天孫降臨系의 신화이다. 숨바섬 각지의 전설을 종합하면 다음과 같다. 숨바도민은 소순다열도Sunda Islands, 숨바와섬이나 플로레스섬로부터 도래했다고 하는데, 숨바섬에 최초 상륙지점은 섬의 최북단에 있는 「사사르Tanjung Sasar」였다. 옛날에는 이곳으로부터 플로레스섬과 숨바섬이 통하는 돌다리가 연결되어 있었다. 당시 하늘로부터 강림하는 선조 신Marapu과 그 밖에 많은 사람들이 이 돌다리를 건너서, 또는 배로 숨바섬에 왔다. 그런데 어느 날 갑자기 돌다리를 건너서 많은 사람들이 플로레스섬으로 돌아가기 시작했다. 놀란 선조들은 회의를 열어 플로레스섬과의 관계를 단절하기로 했다. 그리고 초자연적인 힘을 가진 선조의 한 사람이 번개를 치게 해서 돌다리를 부수어버렸다. 그 결과 「사사르」는 그들의 발상지가 되었고, 현재도 사후영혼의 귀결처로 믿고 있다.

한편, 사사르에 강림한 마라푸는 여기에서 인간을 창조했다고도 전해진다. 마라푸의 신관은 회의를 열고, 숨바도민으로서 살기 위해 필요한 규범, 즉 여러 가지 관습규칙을 정했다. 그 후 인구가 팽창함에 따라 사람들은 내륙 각지의 복잡한 경로를 찾아서 분산되었고 현재의 땅에 정착하게 되었다고 한다. 이러한 신화를 뒷받침하듯이, 숨바의 오래된 돌멘은 북숨바에 많이 분포되어 있다.

이렇게 숨바인은 숨바섬의 최북단 사사르를 도민 발상지原鄕로 간주하고 있다. 사사르를 기점으로 크게 서쪽과 동쪽으로 퍼져서 정착해 갔다는 전설은 역사적인 사실로 간주되고 있다. 숨바어로 「와라wara」라고 칭해지는 이 이동의 역사는 그들의 신년 제례 즈음해서 이야기되고 있다. 그 내용은 놀라울 정도로 상세해서 이동경로나 그것에 관련되는 이야기가 라토라고 불리는 씨족의 신관들에 의해 대대로 정확하게 구전되어 왔다. 또, 이러한 신화적인 선조의 이야기는 촌락 전체적으로 관계가 있는 다양한 의례가 있을 때마다 신관들에 의해 구전되어 왔다. 숨바도민의 토착종교는 전술했던 신화, 전승에 근거하는 도민의 시조인 마라푸에 대한 숭배가 중심이 되고, 그들의 생활 속의 모든 현상에 마라푸의 존재가 항상 의식되어 있다는 특징을 가진다.

2. 숨바섬의 역사

숨바섬의 역사는 문헌자료나 고고학적인 편연연구와 같은 근거가 거의 없기 때문에 세심한 역사의 실증적 뒷받침이 부족하다. 특히 숨바섬의 선사시대 유적은 아직도 발굴을 수반한 본격적인 조사가 대부분 행해지지 않아 불분명한 점이 많다. 따라서 숨바섬의 역사는 주변 제도의 발굴조사를 참고로 하면서 지극히 대략적인 흐름밖에 알 수 없다. 특히 숨바섬의 역사적 자료로는, 동부의 메로로 유적에서 발견된 대규모의 옹관甕棺묘지 유적과 돌멘을 비롯한 거석유구가 선사시대부터 네덜란드의 식민지시대 이전까지를 아는 유일한 역사적인 자료이다. 그러나 숨바섬의 메로로 유적이나 돌멘에 대해서도 아직 구체적인 조사연구가 없기 때문에, 주변 섬들의 고고학적 조사와 연구로부터 숨바섬의 역사를 유추할 수밖에 없다.

인도네시아의 선사시대 묘제연구

숨바섬의 역사를 생각하는 데 있어서 인도네시아의 선사시대 묘제연구는 중요하다. 지금부터는 종래의 연구를 종합해서 소개하기로 한다.

인도네시아의 선사시대 묘제연구는 네덜란드 식민지시대부터 시작되었다. 선사시대의 석기와 청동기는 19세기의 왕립 바타비아 예술과학협회현 자카르타 국립중앙박물관, Museum Pusat Nasional Jakarta에 의해 수집·연구되었다. 그리고 네덜란드령 인도네시아 고고국전신은 1901년에 창설. 현 국립고고학 연구센터, Pusat Penelitian Arkeologi Nasional의 활동이 왕성한 1920년대에서 1930년대에 걸쳐 석기·청동기의 연구와 함께, 각지에서 초기 금속기시대의 매장유적이 조사되었다.

숨바섬에서 최초로 고고학적인 발굴조사가 행해진 것은 1922년의 동숨바 메로로Melolo 유적인데, 이 유적에서 대량의 옹관묘가 발견되었다. 몇 백기의 옹관이 군집하는 이 유적은 그 후 몇 차례 부분적인 조사가 행해졌고, 본격적인 발굴조사는 1939년 윌리엄W. J. A. Willems에 의해 시작되었다. 1954년에는 서자바의 아냐르Anyar 유적이 반 헤케른에 의해 조사되었다. 이러한 네덜란드 식민지시대의 외국인연구자에 의한 일련의 묘제연구 성과에 대해 반 헤케른은 1958년의 고전적인 저서 『The Bronze-Iron Age of Indonesia』에서 석제무덤 군을 거석문화의 장, 옹관을 단독의 장으로 분류해 기술하고 있다. 인도네시아 독립 후에도 고고학적인 발굴조사는 많은 인도네시아 연구자에 의해 이루어졌다. 수쿤달Drs. Haris Sukendar이 1976년에 중부 술라웨시Sulawesi의 렌케카Rengkeka 유적에서 원통형 석관을, 1977년과 1978년에는 중부 자바 동북해안에서 톨쟌Terjan 유적의 적석무덤과 푸라완간Plawangan 유적의 토광묘·옹관묘를, 1979년에는 반 헤케른이 1955년에 조사한 아날 유적을 재조사하는 등 왕성한 매장유적의 발굴조사가 진행되었다.

1977년에 소요노의 편집에 의해 간행된 『인도네시아 국사』 제1권 『인도네시아의 선사시대』는 1950년대 반 헤케른의 연구를 총괄하고 독립 후의 인도네시아인 연구자에 의한 조사연구 성과를 반영한 본격적인 개설서이다. 『인도네시아 국사』는 농경시대신석기시대와 분업시대초기 금속기시대의 처음 부분에, 1969년 소요노의 묘제 구분을 일부 수정해서 각 묘제를 개관하고 있다. 그런데 숨바섬의 메로로 유적의 옹관은 신석기시대로부터 금속기시대 유적이라고 추정되고 있다. 소요노는 신석기시대와 금속기시대의 묘제를 『인도네시아 국사』에서 다음과 같이 수정하고 있다.

① 신석기시대	1차장 토광묘伸葬 상자식 석관伸葬	서자바, 플로레스 서자바
② 금속기시대	매장 방법	1차장 2차장
	매장 형태	옹관묘
		석제묘 돌멘 　　　상자식 석관 　　　석실묘 　　　원통형 석관 　　　가형家形 석관 　　　주형舟形 석관 토광묘

금속기시대의 묘제

인도네시아에서 신석기시대의 매장유적의 조사는 지극히 적다. 확실한 예로는 플로레스에서 확인된 것뿐이다. 중석기시대의 매장유적과 중복되는 부아 동굴Liang Bua 유적 상층에서 토광묘가 발견되었다. 부장품으로서는 신석기시대의 지표유물인 마제석기와 토기가 발굴되었다.

서자바에서는 동부 해안의 치레본Cirebon과 쿠닌간Kuningan지방에서는 많은 상자식 석관이 발견되었다. 부장품은 마제석기와 토기가 기본적이며, 일부에서는 청동도끼가 발견된 유적도 있다. 다른 지역의 상자식 석관은 초기 금속기시대에 속하는 것이지만, 이 치레본과 쿠닌간 유적은 신석기시대 후기에 발달해서 일부가 초기 금속기시대까지 계속되었다고 여겨진다.

그 밖에 옹관묘는 초기 금속기시대의 유적이 압도적으로 많다. 그러나 금속기를 동반하지 않는, 숨바섬의 메로로 유적과 람풍Lampung의 푸궁 탐팍Pugung Tampak 유적이 있다. 메로로 유적에서는 석기와 토기 등 풍부한 부장품 안에 전혀 금속기가 발견되지 않았다. 이 때문에 반 헤케른은 메로로 유적을 신석기시대 유적이라고 추정하고 있다. 그러나 소요노는 부장된 흑색연마수주형 토기黑色硏磨水注形土器는 회전대回轉台를 사용해서 만들어진 형태로, 이 토기는 명확하게 초기 금속기시대의 특징을 가지고 있다고 지적하고 있다. 당시의 발굴조사에서 우연히 금속기가 발견되지 않았을 뿐, 인도네시아 고고학자들은 메로로 유적을 금속기시대의 유적으로 보고 있다. 푸궁 탐팍은 1975년에 수쿤달이 시굴에 의해 확인한 옹관묘 유적으로 방각도끼, 토기가 발견되었다. 이 조사에서는 금속기시대의 유물이 전혀 발견되지 않았지만, 아직 발굴되어 있지 않은 다수의 옹관이 있어 수쿤달은 유적의 연대

흑색연마수주형 토기

신석기시대 또는 초기 금속기시대 초기의 것이라고 추정되고 있다. 한 개의 개구부를 가지고 있으며, 비현실적인 디자인은 용기가 의례 목적으로 사용하고 있었던 것을 나타낸다. (메로로 유적 출토, 동숨바)

설정을 유보하고 있다. 옹관의 경우 아냐르Aryar 유적과 같이 집단을 형성하고 있는 모든 옹관에서 금속기 유물이 출토되는 예는 없고, 후의 새로운 정밀 발굴조사에서 금속기가 발견된 예가 있다.

인도네시아의 초기 금속기시대의 묘제는 석제묘, 옹관묘, 토광묘가 있다. 이 중 석제묘는 고고학에서는 멘힐, 석상, 성혈 등과 함께 거석문화의 개념 안에서 분류된다.

(1) 돌멘dolmen

돌멘은 인도네시아 고고학에서는 반드시 무덤이라고는 생각되지 않고 있다. 인도네시아의 각지에 분포되는 돌멘은 남南수마트라, 자바섬, 중부 술라웨시의 돌멘에 대해서는 선사시대에 속하는 것으로 주로 고고학적인 연구 대상이고 니아스섬, 플로레스섬, 숨바섬, 사부섬의 돌멘은 「살아 있는 거석문화」로서 민족학적인 연구 대상이 되고 있다.

인도네시아의 돌멘 안에서 발굴조사된 것은 남수마트라 파세마 고원의 터굴왕기Tegurwangi, 동자바의 파살아라스Pasaralas 유적이 있다. 터굴왕기의 돌멘은 반 델 호프가 발굴한 유적으로, 돌멘 하부에서는 아무런 유물도 발견되지 않았다. 동東자바의 파살아라스 유적은 1921년에 데한B. deHaan이 조사를 해서 몇 사람 분의 치아와 많은 구슬, 금환이 발견되었다. 파세마 고원의 남쪽으로 인접하는 람풍의 유적 네 곳이 1977년 수쿤달의 분포조사에 의해 밝혀졌다.

(2) 주형舟形 석관

동東자바의 부스키 지방과 발리 그리고 파세마 고원을 중심으로 하는 수마트라와 중부 술라웨시에서 주로 발견되었다. 이 주형 석관은 장방형을 기본으로 하는 석관 모두를 포함하고 있다. 발리에서 1921년 이래 많은 석관이 발견되어, 1931년에

굴장屈葬인골이 발견된 부탕Petang석관, 1954년에 반 헤케른이 발견한 푸티안Petian 등 두 곳의 유적이 있다. 부장품은 각종 청동제품, 토기, 구슬이 일반적이다. 동 자바의 부스키 지방에서는 발리와 기본적으로 같은 형태를 하고 있는 주형舟形 석관이 여섯 군데 유적에서 발견되었다. 바키산 토갈사리Pakisan-Tegalsari의 석관은 뚜껑돌 하면下面에 구덩이凹가 있는 거석유적이다. 반 헤케른은 이것을 돌멘으로부터 하부의 석재 내부를 파낸 석관으로 변화되는 과도적인 것이라고 추정하고 있다. 후술의 요시다 야스히코 씨는 이것을 상자식 돌멘으로 분류하고 있다.

발리의 석관은 숨바와, 티모르, 칼리만탄Kalimantan에서 발견되고 있다. 파세마지방의 5유적에서는 12기 이상 발견되어, 2차장용이라고 생각되는 주형舟形 석관이 있고, 니아스에 2차장용으로 사용되는 석관이 현재도 사용되고 있다.

태국이나 베트남의 동굴유적에서 동고는 주형관舟形棺과 동반해서 출토되어 이와 같은 석관의 분포는 같은 매장사상의 전파를 시사한다. 주형관은 보르네오의 니어Near 채화동굴, 필리핀 팔라완Palawan섬, 중국의 복건성과 사천성에서도 발견되었다. 동남아시아의 동굴유적에서 발견된 주형관은 첨단에 새의 머리와 같은 형태의 장식이 붙어 있는데, 이것은 동고의 측면에 주조해 놓은, 새 머리의 형태로 한 배 그림과도 같다. 이러한 관은 사자死者가 배를 타고 영혼의 나라에 돌아간다고 하는 사상을 표현한 것으로, 예를 들면 팔라완섬의 옹관을 넣은 동굴유적의 대부분이 해안 가까이에 위치하고, 옹관 위에 배의 모형이 안치되어 있는 것으로도 알수 있다.

동손문화의 시대에 돈킹Tonkin 지방의 동고銅鼓가 중국 남부에서 동남아시아 대부분의 지역에 분포되고, 그것이 주형관舟形棺이라고 하는 독특한 매장양식을 수반해서 확산하고 있다. 이 같은 사실은 동손문화의 영향이 물질문화의 수출이라고 하는 수준을 넘은 사상적인 것을 좌우할 만큼 강한 것이었다는 것을 알 수 있다. 동손문화는 동남아시아에서 발달한 문화이지만 그 문화의 근본은 중국 남부지방과 동일하다. 중국으로부터 영향을 받아 그것을 독자적으로 소화해서 동남아시아 문화 안에서 가장 개성적으로 꽃핀 문화가 동손문화라고 해도 좋다.

이 동손문화가 동고의 상세한 편년연구결과로 기원전 6~5세기 또는 1세기에 말레이반도와 인도네시아 도서부에 강한 영향을 주었던 것은, 이후의 역사의 전개를 생각할 때 흥미 깊다. 왜냐하면 기원후 1세기에 베트남 북부에 중국 후한後漢왕조의 직접적인 지배가 미치고, 이때쯤 캄보디아를 중심으로 하는 인도차이나 반도 남부에 인도 문화의 영향을 받은 부남扶南 왕조가 성립하기 때문이다. 동남아시아에 널리 분포하는 동손문화는 당연이 현저하게 다른 두 개의 문화와의 접촉에 의해 큰 변화를 이루었을 것이다. 그리고 그것은 동남아시아의 선사문화가 기본적으로 중국 문화의 외연外緣에 위치하는 성격으로부터의 일대 전환이며, 중국적 문화와 인도적 문화라고 하는 문화적 양극구조 시대로의 전환을 의미한다. 동손문화가 이 양대 문화와의 직접적인 접촉에 의해 구체적으로 어떻게 변화된 것인지는 현재 전혀 해명되지 않았다. 이후 베트남의 중국적인 문화와 인도차이나 반도 남부의 인도적인 문화 안에 동손문화의 전통을 검출하는 것이 용이하지 않다. 이것은 고고학적 연구대상이 새로운 힌두교와 불교라고 하는 종교적 조형물에 치우치고 있기 때문이기도 하고, 인도 문화의 영향으로 동손문화적인 요소가 희박해지기 때문이기도 하다.

그러나 동손문화의 전통은 그 후에 사라진 것은 아니다. 왜냐하면 동고의 제작, 사용하는 풍습은 현대까지 이어지고 있고, 태국, 버마의 산지민족과 동東인도네시아 역시 지금도 살아 있기 때문이다. 주형관에 죽은 사람을 묻는 풍습은 동남아시아의 많은 섬에 걸쳐서 널리 행해지고 있고, 특히 보르네오 다약족과 버마의 카렌족Karen은 지금도 주형관에 죽은 사람을 매장하고 있다. 동인도네시아 알로르Alor섬에서는 현재도 동고가 의례에 사용되고 있다.

(3) 원통형 석관Kalamba

거석을 파내서 유해를 안치하는 점은 주형舟形 석관과 공통되지만 형상은 원통형이다. 원통형 석관은 중부 술라웨시에 한해서 분포되고 있다. 중부 술라웨시 내륙부의 바다 지방, 베소아 지방, 나푸 지방을 중심으로 다수 발견되었다. 1930년대에 카우데른W. Kaudern, 1991년과 2003년 필자에 의해 분포조사와 연구가 행해졌고 1976년의 수쿤달의 렌케카 유적 발굴조사에 의해 2차장의 다장 무덤복수의 인골이 발견되었다인 것이 확인되었다.

(4) 상자식 석관

초기 금속기시대의 상자식 석관은 파세마 고원과 중부 자바 남부의 키돌Kidul산지에서 발견되었다. 파세마 고원의 1930년대 반 델 호프가 발굴조사한 터굴왕기 Tegurwangi 유적의 석실은 내경 2.35×1.37×1.30m, 바닥돌과 뚜껑돌이 세 장씩 있다. 부장품은 각종 구슬 63개, 금제품, 청동기편이 있었다. 단중아라Tanjungara의 상자식 석관은 같은 면적의 복실구조를 취하고 있다. 이 벽 양측에는 각각 1.5×1.5m의 채색벽화가 그려져 있는데, 여기에는 벽화는 상당히 도안화하고 있는 묘사법으로 물소와 원숭이가 그려져 있다.

키돌산지에서는 1934~1935년에 발굴조사된 상자식 석관유적이 있다. 유적 내에서 35체 이상의 사람 뼈가 발견되어, 부장품은 철제품, 구리환, 유리구슬이 발견되었다. 키돌 유적의 석관은 가족 무덤이다. 파세마에서 사람 뼈의 출토가 없었기 때문에 불분명하지만 복실구조의 단중아라의 예로부터 생각하면 기본적으로 가족 무덤이었을 가능성이 높다. 소요노는 이 단중아라의 예를 석실무덤Stone Chamber Burial로서 단독으로 분류하고, 다른 상자식 석관Stone Cist Burial과는 구별하고 있다. 그렇지만 이 석실무덤의 정의는 애매해서, 남부 술라웨시의 토라자족의 횡혈식 무덤도 이 석실묘에 포함시키고 있다. 상자식 석관의 분류는 금후 재검토할 필요가 있다.

(5) 옹관묘

옹관묘에는 1차장과 2차장의 유적이 있다. 1차장의 유적은 서부 자바의 아냐르 유적과 중부 자바 북동쪽의 푸라완간Plawangan 유적이 알려져 있고 2차장은 발리의 기리마눅Gilimanuk 유적, 숨바의 메로로 유적, 렘바타 레우레바Lewolela 유적, 그리고 중부 술라웨시의 바다 유적, 베소아 유적, 나푸 유적, 포소 유적, 남부 술라웨시의 사방Sabang 유적, 슬라야르Selayar의 티레티레Tiletile 유적에서도 발견되었다. 아냐르 유적은 청동기시대의 토기와 구슬이 출토되어 금속기시대의 유적으로 밝혀졌는데, 이 유적에서는 1차장과 2차장의 토광묘도 발견되었다. 푸라완간 유적은 다섯 기의 옹관이 토광묘와 중복해서 발견되어, 그 중의 네 기가 2차장, 한 기가 1차장이다.

기리마눅 유적은 1962년에 소요노가 조사하고, 1차장, 2차장의 토광묘와 옹관묘가 중복한다. 유적 안에는 1차장 토광묘가 확인되었다. 동숨바섬 메로로 유적은 방각도끼·토기와 조개 등의 부장품이 출토되어 금속기시대의 유적으로 추정되고 있다. 메로로 유적에서는 많은 옹관이 발견되었는데, 옹관들 안에는 2차장용의 옹관, 석기, 조개제의 팔찌, 비즈, 작은 공물용의 토기가 포함되어 있었다. 이 옹관묘 유적의 연대는 반 헤케렌은 신석기시대로 추정했지만, 인도네시아의 많은 연구자들은 금속기시대라고 보고 있다.

옹관묘에서 특징적인 것은 바다 유적, 베소아 유적, 나푸 유적을 제외하고 유적의 입지가 해안부에 있다는 점이다. 옹관을 납골에 사용한 예는 인도네시아에서는 숨바 이외에 자바, 발리, 술라웨시에서도 발견되고 있다. 토기의 모양이나 제작기법은 중부 베트남이나 필리핀에서, 기원전 1500년부터 기원후 1000년에 걸쳐서 이어진 토기문화와 연결되는 것으로, 이 시기에 동남아시아의 연안을 묶은 공통의 해양문화가 널리 퍼져 있었던 것으로 추정된다. 메로로 유적에서는 옹관에 두골만 넣은 것이 있어, 2차장이 행해지고 있었던 것을 알 수 있다. 현재 숨바섬에서는 옹관묘를 사용하는 매장은 전혀 보이지 않고 있다.

(6) 토광묘

현재까지 발견되어 있는 토광묘는 1차장에서는 서西자바 아냐르 유적, 중부 자바 북동부의 푸라완간 유적, 동 자바 부스키 지방 남부의 푸굴Puger 유적, 발리의 기리마누쿠 유적, 렘바타의 레오레바 유적이 있다. 2차장에서는 아냐르, 기리마누쿠 양 유적 이외에 중부 자바 남부의 구눙 윈코 유적, 서자바 북쪽 해안의 부니 유적이 있다. 푸라완간 유적은 옹관묘와 중복해서 일곱 기의 토광묘가 확인되었다. 모두 같은 방향을 취하는 신장伸葬으로 토기, 철제 칼, 동제 낚시바늘, 유리제 구슬, 사람 뼈가 출토되었다. 옹관묘와 토광묘 간의 신구관계는 불분명하다. 기리마누쿠에서는 옹관묘 이외에 1차장과 2차장의 토광묘가 중복되어 보인다. 제사용 청동도끼를 부장한 1차장 인골 위로, 2차장 인골이 발견된 예가 있다. 또 개와 함께 매장된 1차장 옹관묘도 있다.

이상과 같이 토광묘는 아냐르, 푸라완간, 기리마누쿠, 레오레바에서 옹관묘와 함께 발견되어 왔다. 이 유적들에 대해서 소요노는, 동일공동체에 있어서 중요한 지배계급의 인물은 옹관묘에, 그 밖의 일반 사람들은 토광묘에 매장되었다고 설명하고 있다. 지금까지 알려져 있는 옹관묘 유적의 입지가 모두 해안부에 위치하는 것은 흥미 깊다. 1차장 신장의 경우, 대부분 모두가 해안에 평행해서 동일 방향으로 매장되어 있다.

인도네시아의 선사시대 묘제는, 중석기시대의 동굴매장으로부터 시작된다. 신석기시대에 대해서는, 전 시대로부터의 동굴매장과 토광묘 등이 확인되었다. 그리고 초기 금속기시대가 되면, 갑자기 다양한 매장형태가 발견되고 있다.

이 초기 금속기시대 각종의 묘제를 어떻게 분류해서 연대를 결정하는 것이 인도네시아 선사시대 연구의 큰 과제가 되고 있다. 또한, 그 기원이 어디고, 선사시대 이후의 역사시대의 묘제와 어떤 관계를 가지고 있는 것인가라고 하는 것도 과제가 된다.

I. A. 토광묘 옹관묘	1. 토광묘 2. 옹관묘[1차, 2차장]
B. 석제묘 계열	1. 돌멘형 　① 돌멘[2차장] 　② 주형冊形 석관묘 　③ 배석묘[1차장]
II. 상자식 석관묘 계열	1. 상자식 석관묘 2. 횡혈식 석실묘[1차장]
III. 멘히르형 계열	1. 원통형 석관묘[2차장] 2. 가형家形 석관묘[1차장]
IV. 기타	1. 적석총 2. 횡혈묘

인도네시아 제도의 거석유구

최근 숨바섬 돌멘의 시원을 알려주는 중요한 유물이 발견되었다. 기하학 문양의 금속제 족환足環인데, 이것은 동손문화의 영향과 깊이 관련되는 것이다. 예를 들면 금속제 족환은 귀족층의 여성용으로, 지금도 일부 지역에서는 결혼식에서 장식품으로 사용된다.

문제는 이 족환 문양이 헤겔 I식 동고의 기하학 문양과 일치하고 있다는 것이다. 숨바섬에서 아직 헤겔 I식 동고는 발견되지 않았지만, 족환 문양의 기원은 동손문화와 관련되는 것을 시사한다.

인도네시아 제도의 거석유구는 금속기시대, 다시 말해 기원전 1000년 후반에 동남아시아 대륙부와 인도네시아 사이의 교역과 영향에 의한 것이라는 지적도 있지만, 필리핀 및 인도네시아 북동부는, 그 토기양식이나 옹관장과 함께 상당히 고립하고 있다. 중국이나 북베트남에서 동남아시아 도서부에의 식민은 아마 이 시기에 시작했다고 본다. 단, 오스트로네시아어족이 인도네시아 서부에 최초로 이주한 시대를 알리는 증거는 거의 없다. 최근의 언어학적 연구에 의하면 오스트로네시아어족의 이주는 3000년에서 6000년 전부터 시작되었다고 한다. 그러나 인도네시아에서 구석기시대나 신석기 시대의 자료가 거의 없기 때문에, 더 이상의 추측을 해도 그다지 의미가 없다. 인도네시아 서부에 우세한 몽골로이드Mongoloid의 형질은 대부분은 금속기시대의 주민 이동에 의한 것으로 추측되고 있다.

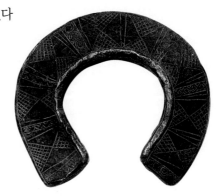

기하학 문양의 족환
족환의 문양은 헤겔 I식 동고의 기하학 문양과 일치한다.

인도네시아 선사시대의 거석유구는 수마트라, 자바, 발리, 칼리만탄, 술라웨시에서 발견되었다. 니아스, 플로레스, 숨바 등의 「거석문화」는 신석기시대까지 거슬러 올라간다고 하는 하이네 겔더른의 주장인데도 불구하고 전 금속기시대의 연대가 분명히 알려져 있는 유적은 없다. 그렇지만, 거석유구와 석상이 인도네시아를 포함하는 오세아니아에 대단히 넓은 범위로 분포하고 있어, 이것들의 기원이 과거의 오스트로네시아어족과 깊은 관계가 있고, 적어도 그 시원연대는 기원전 1000년기까지 달한다는 견해도 있다. 한편 인도네시아의 니아스, 칼리만탄의 고지, 동東인도네시아 제도에서는 최근까지 거석유구나 석상이 만들어지고 있었다. 거석유구가 가지고 있었던 기능은 매장과 관련하는 신앙과 수장의 지위를 강화하기 위한 의례 등과 깊은 관련이 있다는 것이 알려져 있다. 이 지역들의 공통점은 무덤, 신전, 석상목상 등 거석유구를 매개로 해서 조상들과 관계를 가졌다고 하는 것이다.

「거석유구의 기원」 문제는 거석유구가 시차적이고, 게다가 되풀이해 조영하는 문화적 특징을 생각할 때, 처음으로 중요한 것이 된다. 따라서 오스트로네시아어족의 거석유구를 남南중국이나 북北베트남에서 유래한다고 간주하는 것은 부정확할 뿐만이 아니라 불필요하다. 왜냐하면 인도의 돌멘과 인도네시아의 돌멘이 어떠한 관계가 있는가, 남중국이나 북베트남에서 왜 일반적으로 돌멘이 분포하지 않는 것인가에 대해 앞으로 해결하지 않으면 안 될 문제가 산적해 있기 때문이다. 하이네 겔더른의 견해로 멘히르, 돌멘, 돌 의자, 피라미드 등이 기원적으로는 같은 계통의 것이고, 금속기시대의 석관묘나 옹관장보다 앞선다고 하는 주장인데 이 견해를 받아 들이기에는 아직 유력한 고고학적 증거가 없다.

인도네시아의 선사시대 역사에 있어서 최초에 검토해야 할 일은 인도 문명의 영향이지만, 자바나 발리와는 달리 인도의 영향이 직접 숨바섬까지 도달했었던 증거는 없다. 따라서 인도의 돌멘과 숨바섬의 돌멘을 직접적으로 연결시킬 수는 없다.

단, 14세기 이후 자바와 발리를 경유해서 간접적으로 어떠한 문화적인 영향을 숨바섬에 끼쳤을 가능성은 있다. 마자파힛 왕국Majapahit의 시대에 씌어진 『나가라 쿨타가마』1365년 성립에, 왕국 속령의 하나로서 동인도네시아의 다른 많은 섬과 함께 숨바의 이름이 등장한다. 그러나 숨바가 마자파힛 왕국의 직접적인 지배를 받고 있었던 것은 아니고, 이것은 숨바가 그 영향권 또는 교역권 안에 들어 있었던 것을 나타내고 있다. 따라서 숨바섬의 역사는 기본적으로 금속기시대 문화가 17세기까지 계속되는 것으로 보아야 할 것이다. 그러므로 숨바섬의 시대구분은 한국사와 같이 고대와 중세에 해당하는 부분이 없고, 선사시대부터 단숨에 식민지시대로 돌입한다.

백단향의 섬 숨바

숨바는 티모르섬과 플로레스섬과 비교하면 해외海外와의 교역이나 영향을 그다지 받지 않았던 섬이다. 숨바는 오래된 유럽의 지도에 「백단향의 섬Chendanaor Sandalwood Island」이라고 씌어져 있지만, 지금은 숨바섬에 백단향의 나무는 거의 찾아볼 수 없다. 숨바는 동東인도네시아의 해역을 항해한 유럽 사람들에게 있어서 그다지 주목받지 않았다. 네덜란드의 항해자들은 1613년에 처음으로 숨바 주변의 해역에 등장하지만 그 이후 주로 티모르섬을 무대로 포르투갈과의 사이에 세력 다툼을 펼쳤다. 또한 18세기 초두까지 네덜란드의 항해자들은 숨바섬에 별로 관심이 없었다. 단지, 숨바와섬 비마Bima의 왕이 숨바의 백단향을 교역하고 있었던 것이 17세기 중기의 네덜란드 동인도회사V. O. C. 일지에 기록되어 있다.

네덜란드의 식민지시대

네덜란드 동인도회사가 숨바인과 처음으로 공식적인 관계를 맺은 것도 티모르 등 주변의 많은 섬과 비교해서 늦은 1751년이 되어서이다. 당시 티모르의 쿠팡 주재의 장관 불후VanderBurgh가 숨바섬을 방문해 열 명의 수장과 협약을 맺었다. 또, 1756년에 숨바의 여덟 명의 수장과 정식협약을 맺고 있다. 30조로 구성된 협약은 이 지역에 있어서 네덜란드 동인도회사의 권위를 확립하는 것이며, 네덜란드 이외의 세력과의 교역금지 및 수장 간의 분쟁은 동인도회사의 조정에 의해서만 해결하는 것으로 되어 있다.

동인도회사의 기록에 의하면, 숨바의 산물은 백단향과 노예였다. 18세기 중기에 동인도회사는 숨바를 노예공급지로 관심을 가지고 있었다. 노예교역은 숨바 역사를 생각하는 데 있어서 무시할 수 없는 중요한 문제이다. 노예교역은 주로 플로레스 중부의 엔데에 거점을 두는 마카살 엔데인이 종사하고 있었다. 18세기 후반 동인도회사에 의한 단속에도 불구하고, 그들에 의한 숨바 북부 해안에서의 노예사냥은 빈번하게 행해졌다. 또 마카살 엔데인 중에는 숨바의 수장 간의 싸움을 틈타, 총과 탄약을 수장에게 제공하고 그 세력을 확립하여 해안부에 정착하는 사람도 있었다. 노예사냥은 19세기 전반에 들어가서도 계속되고, 서북부의 해안에서는 인구 감소를 초래할 정도였다. 그러나 1860년에 네덜란드령 동인도에서 노예매매가 공식적으로 금지되어, 19세기 말에는 엔데인에 의한 노예교역은 종식된다.

노예를 대신하여 19세기 말에는 말馬이 숨바 교역품의 중심이 된다. 숨바 말의 교역에는 아랍계 상인이 큰 역할을 했다. 티모르섬 쿠팡 주재의 이사관 후로피우스D. J. vandenDungenGrovius는 노예교역 등 플로레스 엔데인의 활동을 제압하기 위해서 1839년에 폰티아낙보르네오섬 서부의 도시의 귀족인 샤리프 압둘 라하만Sharif Abdul Rahaman을 엔데에서의 자신의 대리인으로 임명했다. 그는 엔데의 귀족 딸과 결혼하고 엔데인 사이에도 영향력을 가진 인물이었다.

압둘 라후만은 후로피우스의 자금원조를 받고 1843년 이래 숨바에 정착해, 숨바 말 무역에 종사했다. 그는 같은 이슬람교도는 노예무역의 대상으로 삼지 않았다. 공식적인 기록에 의하면, 그는 네덜란드의 무기와 말 매매에 전념했다고 하지만 숨바섬에서 노예교역에 관련되었던 것은 사실이었고, 1870년까지 숨바섬에서 500명의 노예를 매년 수출하고 있었다. 한편 동숨바의 도청소재지 와잉가푸라는 항구도시를 건설한 것은 그의 공적이다.

숨바의 마을들에 있는 가옥 지붕 밑에 보관되어 있는 가보에는 외국선에 의해 전래된 여러 물품이 있다. 파토라라고 하는 인도산의 천이 그 하나이며, 각종 도자기도 몇 백년의 교역의 역사를 말해준다. 오래된 마을에는 베트남에서 대량생산된 도자기나 중국의 명明 · 청淸의 접시도 존재한다. 이것들은 네덜란드 선에 의해 전래된 것이다. 중국과 베트남으로부터 실려온 접시는 일상생활 용기로 사용되는 것이 아니고, 희생시킨 가축의 고기를 담아서 조상에게 바칠 때에 사용하는 특별한 제기였다.

네덜란드 동인도회사는 1799년에 해산하지만, 그 후 네덜란드 정부가 직접 식민지 통치에 착수하게 된다. 네덜란드 식민지정부는 특정한 해항 등 일부의 직할령을 제외하고, 간접통치를 기본정책으로 삼고, 동인도네시아 각지의 지배자와 조약을 체결해서 그 지배를 확대해 갔다. 조약에 어긋나지 않는 한 원칙적으로 네덜란드 식민지정부는 지역 내의 사건에 관해서 불간섭정책을 취하고 있으며, 1866년에야 숨바섬에 처음으로 감독관 로스S. Roos를 상주시켰다. 숨바의 지배자 간의 싸움에 그다지 깊이 관여하지 않았지만, 네덜란드의 권위를 지키기 위해서 필요한 무력을 행사한다고 하는 것이 네덜란드 식민지정부의 기본 방침이었다.

숨바 각지의 지배자라자는 네덜란드의 군사력에 의해 네덜란드 식민지정부의 행정기구 아래에 완전히 지배된다. 네덜란드 식민지정부는 숨바 지배자와의 사이에

① 네덜란드의 주권을 인정하는 것, ② 기타 외국과 정치적 외교관계를 가지지 않는 것, ③ 정청政廳이 부과하는 의무나 명령을 지키는 것 등을 조약으로 체결해서 각각의 영지를 자치령으로 인정하는 간접지배의 형태를 취했다.

1907년에 숨바섬은 단독으로 한 개의 행정「도道」를 이루게 되고, 와잉가푸를 중심지로 네덜란드인의 부영사에 의해 지배된다. 당시「숨바도」의 인구는 약 11만 명이었다. 그 후에 숨바는 네 개의 행정「도道」로 갈라지고「동숨바도」는 메로로, 린디, 와이젤, 매스카레라,「중부 숨바도」는 나푸, 카푼독, 카나 텅, 레와, 타본독,「북서숨바도」는 라우라, 와이예와, 코디 보콜, 코데이 벤게도,「남서숨바도」는 라우리, 맘보로, 라온다, 아나카랑, 와누카카, 람보야라고 하는 자치령으로 되었다. 각각의 자치령에는 식민지정부에 의해 임명된 자치령 수장과, 자치령을 구성하는 제지역의 대표인 부수장이 있었다. 그 후 1928년에는「중부·동부 숨바도」아홉 개,「서숨바도」열 개에 자치령으로 나뉜다.

1938년의 자치령조례에 의하면 자치령의 행정조직은 조례에 언급하지 않는 한 자치령의 현행제도, 관습 및 관행에 따르는 것으로 규정되어 있다. 자치령 수장은 식민지 정부 이사관의 요청에 따라서 총독이 임명하였으며, 수장의 권한은 "자치령을 대표하고, 법을 옹호하고, 그 집행을 맞는다"라고 되어 있다. 자치령은 대외적으로는 완전히 식민지 정부에 지배되어 식민지 정부가 필요로 하면 상당한 제약이 가해졌지만, 실제 숨바인들의 생활은 위법한 무력행사를 수반하지 않는 한 식민지 정부의 간섭을 거의 받지 않았다. 식민지지배의 확립은「네덜란드 아래에서의 평화」를 의미하고, 부족 간의 분쟁이 금지되어 각 지배자의 세력이 고정화되는 결과를 가져왔다. 식민지시대에 각지의 수장라자들은 식민지 정부의 비호를 받아 권력기반을 더욱 강화하게 된다. 숨바섬에 있어서 거대 돌멘의 출현은 식민지시대의 소왕국의 등장과 깊은 관계가 있다. 숨바섬의 각지에 남아 있는 호화로운 대형 돌멘은 19세기 이후 식민지 정부의 비호를 받았던 왕족들의 무덤이다.

숨바에 있어서의 기독교의 포교는 네덜란드 식민지 정부의 통치 아래에서 시작 되었다. 1920년 네덜란드의 프로테스탄트 교회가 숨바에서 포교활동을 시작됐는데, 숨바에 있어서 프로테스탄트 선교사들의 포교는 극한 곤란에 빠진다. 그 큰 이유는 각 지방에서 세력을 가진 수장들이 기독교에 흥미를 보이지 않았기 때문이다. 특히 동숨바는 엄격한 계층사회이며 수장층의 권위가 강해, 그 지배하에 있던 숨바인들이 자유롭게 개종할 수 없었다. 1889년 가톨릭교회예수회가 처음으로 서숨바에 포교를 위한 거점을 구축했는데, 신자획득에는 큰 성과를 거두지 못했다.

네덜란드 식민지 정부는 기본적인 정책으로서 기독교의 포교에 직접적으로 관여하지 않았다. 그 때문에 프로테스탄트의 선교사들은 보다 엄격한 의미에서의 숨바인의 개종을 목표로 했다. 그들은 숫자만의 기독교도를 늘리는 것보다, 숨바의 언어나 신앙을 파악하는 것이 포교의 첫 걸음이라고 생각했다. 그래서 병원이나 학교의 개설과 같은 포교활동의 기반이 되는 시설정비에 주력했다. 그러나 그와 같은 노력에도 불구하고 진심으로 기독교에 개종하는 숨바인의 수는 적었다. 당시의 선교사들은 기독교의 포교를 억지로 교화시키려고 한 것이 아니라, 각지의 지배자와 친근해져 신뢰 관계를 맺는 것을 제일이라고 생각하고 있었던 것 같다. 그 후에도 네덜란드인 선교사에 의한 포교활동은 계속되었지만 기독교도로 개종하는 숨바인의 신자가 증대한 것은 인도네시아 독립 후이다.

독립 후의 숨바

제2차 세계대전이 시작되어 1942년 5월에 일본군이 인도네시아에 진주하고, 숨바 섬은 일본군의 점령 아래 놓여져 네덜란드에 의한 식민지지배는 종국을 맞이했다.

일본군 식민 정부는 네덜란드 시대의 통치기구를 거의 계승하고, 숨바섬 전체를 동·서의 두 개의 「행정도」로 나누고, 도 관리관이 통치했다. 1945년에 일본이 항복하자, 8월 17일에 수카르노Sukarno가 자카르타에서 인도네시아연방공화국의 독립을 선언했다. 숨바를 포함한 동東인도네시아에서는 네덜란드에 의한 식민지통치가 부활하여, 「동인도네시아국」이라고 하는 괴뢰국이 1946년 12월에 성립되었다. 이전과 같이 「동인도네시아국」을 구성하는 자치령이 자치권을 행사하는 것이 되었지만 헤이그 원탁회의의 협정에 의해 1949년에 동인도네시아국도 인도네시아연방공화국1950년에 인도네시아 공화국이 재발족에 포함시켜, 인도네시아 전체의 독립이 실현되었다.

당시 숨바를 포함시킨 지방은 「소순다주Propinsi Sunda Kecil」라고 불렸지만, 1954년부터 「누사텡가라주」라고 그 이름을 바꾸었다. 1958년에 누사텡가라주는 세 개로 분할되어 현행과 같은 「동 누사텡가라주」가 탄생했다. 1962년에 라자령이라고 불린 영역이 「행정군Kecamatan」으로 변하고, 그 이후 종래의 수장이 보유하고 있었던 전통적인 권한은 점차로 상실되었다. 초대 대통령 수카르노가 1965년의 「9월30일 사건」을 계기로 권력을 잃고, 수하르토가 정치의 실권을 쥐고 1968년에 정식으로 제2대 대통령에게 취임해서 「새 질서」 체제가 시작되면서, 지방에 대한 국가의 힘이 점점 강해지고, 그것과 함께 지방행정조직의 획일화가 진행되었다.

수하르토 체제하에서는 「민족Bangsa」이라는 개념을 대신하여 철저하게 「지방Suku」이 강조되었고, 각 민족의 지배자들은 일개의 지방관리로 전락하고 말았다. 숨바사회에 있어서 수장층이 보유하고 있었던 권위는 인도네시아 독립 이후, 그 법적 경제적인 기반이 약체화되었고, 최종적으로는 수하르토의 체제 아래에서 크게 변용했다. 그러나 숨바의 수장 일족을 포함하는 귀족층은 유명무실한 존재가 아닌 국가공무원으로 모습을 바꿔서, 지금도 숨바 사회에 있어서 무시할 수 없는 확고한 지위를 계속해서 보유하고 있다.

사회와 의례

1. 숨바섬의 종교

마라푸

숨바 종교에서 가장 중요한 개념은 「마라푸Marapu」이다. 현재 숨바인들은 인도네시아 국가가 승인한 종교인 이슬람교, 기독교, 불교, 힌두교에 대응하는 숨바 독자적인 신앙을 숨바어로 「마라푸Agama Marapu」라고 부르고 있다. 물론 이것은 정부로부터 공식적으로 인정받은 종교는 아니지만, 통계상 공인종교로 개종하지 않고 있는 숨바인들은 그 외의 신앙이라는 범주에 포괄되고 있다.

마라푸는 다의적인 단어인데, 일반적으로는 「조상祖靈」의 의미로 쓰이고 있다. 여러 출신집단의 조상이 마라푸의 의례대상이 되고 있다. 즉, 부계씨족의 신화에 있어서, 그 행적이 전해져 오고 있는 씨족의 시조始祖도 마라푸이고, 그 이외에 조상도 통틀어 마라푸로 간주되고 있다. 여기서 주의해야 할 것은 마라푸와 「죽은 자의 영혼Mameti」의 대비이다. 이 두 개의 영적 존재는 살아 있는 자에게 힘을 미치는 존재이며, 질병과 같은 재앙의 원인을 마라푸나 죽은 자의 영혼으로 돌리는 경우가 종종 있다.

　죽은 자의 영혼이란 그 이름이 기억되고 있는 비교적 최근에 죽은 사람의 영혼이며, 시조 이외의 개인의 이름을 언급하지 않는 마라푸와는 명확하게 구분되고 있다. 다만, 죽은 자의 영혼이 사후 몇 년째, 또는 어떠한 의례적 단계를 거쳐 마라푸가 되는가 하는 기준은 존재하지 않는다. 또, 씨족의 제사의 중심이 되는 「마라푸의 집」에서는, 죽은 자의 영혼은 인간이 생활하는 거주공간과 같은 「성스러운

개석식 돌멘전면과 「마라푸의 집」(마누아카라다 마을, 북숨바)

방」에 모셔지는데, 그 위에 위치하고 있는 지붕 안에 마라푸가 머물고 있다는 신기(神器)가 안치되어 있다. 죽은 자의 영혼의 조령화祖靈化라고 하는 과정은 마라푸의 집의 내부에 있는 성스러운 방과 지붕 안의 상하 공간배치로 표현되고 있다.

마라푸의 집에는 특정의 씨족, 또는 그 하위단위「집」의 시조마라푸가 모셔지게 된다. 마라푸의 집의 지붕 안에는 시조의 신기神器가 안치되어, 정해져 있는 시기에는 그 가옥 안에서 시조에 대한 기원과 제물을 바치게 된다.

마라푸란 눈에 보이지 않는 영적 존재뿐만 아니라 마라푸가 머문다고 믿고 있는 신기 자체를 가리키기도 한다. 지붕 안에 보관되어 있는 신기 중에는 금이나 은, 또는 합금으로 만들어진 마물리Mamuli라고 불리는 귀걸이 장식과 금속제의 쇠사슬金製를 Kanataru, 다른 靑銅製를 Lulu Amahu라고 말한다「카와다크Kawadaku」가 있다. 작은 금전이나 은전, 그 외의 금속제 장식품, 중국제 도자기 등이 여기에 포함된다. 이 중에 특히 마물리라고 하는 것은 중요하여, 의례에서 그 자체가 기원의 대상이 되고, 마라푸라 불리는 경우가 있다. 또, 도자기 접시는 마라푸의 제물供犧된 가축의 고기와 밥을 담은 용기로 이용된다. 의례재儀礼財 속에 나오는 마물리와 룰 아마프또는 카나탈는 짝을 이루고 있는데, 결혼식의 혼수 교환에 있어서 아내 측에게 건네주는 남편 측 혼수의 중요한 구성요소이다. 이와 같이 재물로서 사용되는 것과 구분하여, 특별히 지붕 안에 보관되어 신앙의 대상이 되는 것을「마라푸 몫」이라고 부른다. 이것을 교환재물로서 사용하는 경우는 결코 없고, 반대로 교환해서 얻어진 것이 후에 마라푸 몫으로 더해지는 경우는 있다.

마물리귀걸이는 여성 성기의 상징이다.
(와누카카 마을, 서숨바)

마물리를 장식한 신관(와누카카 마을, 서숨바)

숨바의 종교별 인구구성은 2005년도의 통계에 의하면 인구의 75%가 기독교도가 톨릭 30%, 개신교 45%이다. 동숨바에서는 인구의 53%가 개신교도이다. 이슬람교도인구의 6.5%는 대부분이 롬복섬, 숨바와섬, 플로레스섬, 자바섬, 술라웨시섬 등 숨바섬 이외의 출신자, 또는 그들의 자손이다. 숨바의 전통종교인 마라푸신자는 15%이다. 새롭게 이주한 이슬람교도를 제외하면, 전통종교인 마라푸교를 유지하고 있었던 숨바인이 주로 개신교로 개종하고 있는 경향이 현저하다. 1980년대까지 인구의 약 3분의 1인 37.6%을 차지하고 있던 전통종교가, 1990년대에는 인구의 5분의 1인 20.7%로 격감하고 있다. 숨바섬의 기독교도의 수는, 1930년대부터 1960년까지는 그렇게 많지 않았지만, 1970년대 이후 눈에 띄게 증가하여, 특히 1980년대 후반부터 급증하고 있다.

2. 숨바섬의 사회

수장사회Chiefdom

숨바섬의 역사적인 정치체계는 국가state나 왕국Kingdom과 같은 체계를 가진 사회는 아니었다. 작은 부족들이 난립하고 있었던 「수장사회chiefdom」였다. 수장사회란 ① 수장이라고 하는 세습되는 공직, ② 수장이 속해 있는 출신집단을 중심으로 하는 계층적 사회질서, ③ 수장이 여러 촌락의 영역을 지배라고 하는 세 개의 요건을 갖춘 사회를 가리킨다. 즉, 수장사회에서 수장이 자기 출신집단 이외의 여러 집단을 통치하는 경우는 적고, 그 지위는 종교적 권위에 의존하며, 사회를 구성하는 여러 집단의 기능분화는 의례에 대한 역할분담으로 가장 명료하게 나타난다.

숨바어로 촌락을 넘어서는 영역을 나타내는 말로는 「타나Tana」가 있다. 그러나 타나의 의미는 「대지」, 「지방」, 「영역」으로, 정치적으로 구분된 영역만을 가리키는 것이 아닌, 마을에서 농경지까지의 모든 영역을 가리키는 말이다. 타나에 대응되어 정치적 의미를 가지고 사용되는 것은 「파라잉Paraingu」이다. 파라잉이란 어떤 정치적 영역의 중심이 되는 촌락을 가리키며, 그것은 집촌 형태로, 내부에는 영역 내에 존재하는 여러 씨족들의 관습가옥을 가지고 있다. 파라잉은 그 영역의 사회와 제사의 중심이 되는 촌락이다.

파라잉은 단지 중핵마을만을 가리키는 것이 아니라, 중핵마을을 중심으로 하는 정치적 영역을 의미하는, 왕국보다도 정치적 통합이 낮은 단계이므로, 이것을 「수장사회」라고 부르기로 한다. 수장사회타나 또는 파라잉는 여러 씨족으로 구성되어 있고, 그 씨족의 관습가옥은 중핵마을파라잉에 지어져 있다. 이 마을은 수장사회 전체의 사회적 의례적인 통일성이 집약되어 구상화된 것이라고 말할 수 있다. 파라잉은 중핵마을 및 중핵마을을 중심으로 그 주위의 분촌分村을 합친 정치적 영역을 가리키지만, 수장사회를 가리키는 말로서는 「대파라잉Paraingu Bokulu」이 있다. 타나와 파라잉은 의례언어로 짝을 이뤄 사용된다.

대부분의 중핵마을은 네덜란드 식민지 통치 전에 빈발하던 촌락 간의 전쟁에 대비하여 높은 산중턱이나 산 위에 위치하고, 그 주위는 선인장 울타리나 돌담으로 둘러싸여 일종의 요새를 이루고 있다. 경작지나 강으로부터 거리가 있어 생활하는 장소로는 전혀 적합하지 않기 때문에 중핵마을에서의 생활은 큰 어려움이 따른다. 현재 숨바에는 대부분의 중핵마을이 이미 폐기되어 주민들은 경작지 주변이나 간선도로 가에 거주하고 있다. 역사적으로는 1906년 네덜란드 식민지 통치가 동숨바에 확립된 뒤 이러한 중핵마을의 건설이 금지되어 주민은 언덕 기슭에 작은 취락을 만들어 분산하여 거주하게 되었다. 경작지 주변의 임시가옥이 차츰차츰 영구적 가옥으로 변하여 취락이 형성되어 가는 과정이 이 시기에 시작되고 있다. 또한 네덜란드 식민지 통치하에 중핵마을 간의 전쟁도 금지되어, 촌락을 둘러싸고 있는 돌담도 필요 없어졌다.

숨바의 촌락은 파라잉과 코타크Kotaku 두 개로 나뉜다. 파라잉은 수장사회의 사회적·지리적 중심에 위치해 있으므로 중핵마을이라고 표현할 수 있다. 분촌에 살고 있어도 사람들은 자신이 어느 파라잉 출신인지를 알고 있어, 의례나 싸움 등의 특별한 일이 있을 때에는 자신의 파라잉에 모인다. 파라잉 광장에는 지배자의 무덤돌멘이나 제단석이 세워져 있다. 이와 같이 파라잉은 단순한 거주공간으로서의 촌락이 아닌, 사회적·제사적 공간으로서의 성격이 강하다. 또한 파라잉은 네덜란드의 정부가 촌락 간의 전쟁을 금지시키기 전까지는 높은 언덕 위의 요충지에 있어, 주위가 돌담으로 둘러싸여 있는 군사적 중심지이기도 했다. 이러한 파라잉에 종속되어 있는 마을은 「코타크」라고 불린다. 일반적으로 파라잉의 규모는 호수가 15~20호인데 비해, 코타크는 4~5호 정도이다. 파라잉은 여러 씨족으로 구성되어, 씨족 간에는 의례적 역할분담이 이루어진다.

20세기 이후 라자에 의해 지배되는 자치령은 여러 파라잉으로 이루어진 소왕국이었다. 그렇지만 이러한 소왕국은 19세기 중반까지는 일반적이지 않았고, 각각의 파라잉은 상당한 자치권을 가지고 있었다. 파라잉의 지배자 중 특출한 인물이 나타나면 네덜란드의 식민지 정부와 협약을 맺은 뒤, 라자가 되어 여러 파라잉을 합친 자치령이 형성되었다. 라자 중에는 무력으로 다른 파라잉을 정복해 나가는 사람도 생겼다. 전술한 바와 같이 숨바섬의 대형 돌멘의 출현은 대체적으로 이 시기에 해당한다.

19세기의 수장의 권위와 권력은 라자수장가 매우 전제적인 인물로 노예를 사용해 평민의 생명과 재산을 좌우할 수 있었다고 보고되고 있다. 수장의 지위를 지탱하는 것은 제도로서 확립한 권위가 아니라 정기적으로 주민이 공납부역을 부과하는 것은 없다 기본적으로 노예소유에 의거하는 권력이다. 수장은 다른 씨족의 장과 합의가 없이는 아무것도 결정할 수 없는 반면에, 힘이 있는 수장은 힘을 과시하기 위해 전제적으로 행동하기도 했다. 당시 숨바에서는 법제도가 거의 발달되지 않았다. 수장은 자기의 이익을 위해 죄를 범한 사람에게 중대한 벌금을 부과하고 간통, 살인 등을 저지른 사람이 자신의 가옥으로 도망쳐 왔을 경우 범인의 생명을 살려주는 대가로 자신의 노예로 삼기도 했다.

경제적으로 수장은 평민과는 비교할 수 없을 정도의 재산, 특히 경작지와 돼지, 말, 물소 등의 가축을 소유하고 있다. 또 귀족계층이 독점하고 있었던 논농사는 주민들이 노동력을 제공하는 의무가 있다. 다만 쌀을 수확할 때에는 성대한 축연이 열려 여기서 재분배가 된다. 수장은 사회질서의 기초가 되는 혼인체계를 지배하고 있다.

수장은 지배하에 있는 모든 중핵마을 내의 미혼여성들을 다른 씨족에게 신부를 보내는 권한을 가지고 있다. 그런 까닭으로 고액의 혼수품婚財을 독점적으로 소유

했다. 신부를 보내는 집단이 얻는 것은 물소와 말이며, 물소는 수전경작에 이용되고 말은 교역품으로서 가치가 높다. 그에 비해 신랑 측 집단이 얻는 것은 돼지와 직물이며, 돼지는 주로 제물로 이용된다. 이러한 혼수품의 교환의례는 신부를 보내는 집단이 압도적으로 유리하고, 그로 인한 대부분의 이익은 수장이 독점한다. 또 수장의 장례에는 다른 수장사회의 수장들도 많이 모여, 서로 위신을 걸고 부를 겨룬다. 조문객에게 많은 답례품을 가져가게 하고, 상주 측은 향응과 호화로운 부장품이란 형태로 막대한 재산을 소비한다. 이에 의해 대형 돌멘의 축조도 경쟁적으로 조영되었다.

서숨바는 문화적인 지역차가 크고, 또 조사연구된 자료도 부족하다. 서숨바의 마을은 여러 씨족으로 구성된 마을도 있지만, 코디Kodi와 와이제와Waijewa와 같이 마을이 단일씨족으로 구성되어 있는 곳도 있다. 이러한 단일씨족으로 구성된 마을이 서숨바 사회의 원형인 것으로 추정된다. 동숨바의 중핵마을그 주위의 마을도 포함해에는 하나의 의례적 세계가 완결되고 있지만, 서숨바에서는 중핵마을을 넘어서는 결합이 계보관계를 기초로 하여 영역적으로 통합되어 존재하고 있다.

이러한 수장사회는 하나의 자치령과 겹치는 것이고, 또 쌍분적 세계관과 결합된 의례적 세계이기도 하다. 수장사회의 내부의 지배체제에 대해서 보면, 네덜란드 식민지 정부에 의해서 19세기 이후에 형성된 라자의 직을 제외하면 종교적 권위를 가진 라토신관, 동시에 출신 집단의 장의 체계만 있다. 즉, 서숨바에 있어서 마을을 넘어서는 단계의 정치적인 지배자는 존재하지 않고, 단지 종교적인 권위를 가진 순위매김된 라토Rato만이 존재했다. 라토는 여러 가지 금기가 부여되어, 적극적으로 정치적 권력을 행사하는 지배자가 될 수 없었다. 이러한 종교적인 금기로 인해 라토는 정치적 권력자인 라자가 될 수 없었다. 이와 관련하여, 서숨바에는 동숨바의 귀족층에 대응하는 계층이 없고, 경제적·사회적인 계층분화가 이루어지지 않은 비교적 평등한 사회로 보고되고 있다. 그렇지만 비교적 평등한 사회로 보이는 서숨바에도 신관과 평민 사이에는 엄연한 신분적인 구별이 있고 노예도 존재했다. 따라서 전통적으로 서숨바에서 정치적으로 큰 세력을 가진 왕국은 존재하지 않았지만 신관, 평민, 노예라고 하는 신분제도는 인정하지 않으면 안 된다.

19세기 후반부터 20세기 초두에 걸쳐서는 서숨바를 제외한 지역은 수장사회가 존재하고 있었다. 서숨바는 20세기 초두에 식민지 정부에 의해서 라자를 중심으로 한 정치체계가 형성되었고, 일부 지역에서는 정치적인 수장이 존재하지 않는 비교적 평등적인 사회질서가 그대로 유지되었다. 한편 동숨바에서는 각각의 수장사회에는 수장라자이라고 하는 세습직이 존재했으며, 수장은 여러 촌락을 포함한 영역을 지배하고, 수장사회를 구성하는 모든 씨족에게 권위를 행사했다. 사회질서는 계층사회로, 수장이 속하는 씨족은 귀족층을 구성하며, 그 이외의 평민층 씨족과의 사이에 상징적·사회적·경제적인 계층 분화가 강화되었다.

이러한 수장사회도 시대를 거슬러 올라가면 갈수록, 수장사회로서의 정치체계가 불안정했던 것이 쉽게 감지된다. 동숨바의 영역을 생각해 보면, 수장사회는 중핵마을과 그 주위의 분촌으로 구성되어 있어, 각 분촌이 상당한 자율권을 가진 정치집단이었다. 수장사회라고 해도, 19세기의 기록으로부터 알 수 있듯이, 정치적 제도에 있어서의 수장의 권위는 약하고, 씨족은 자치권을 가진 집단이었다.

숨바사회가 보다 중앙집권적이고 계급적 사회로 변화한 것은, 단적으로 말해서 네덜란드의 식민지 정부의 정치적인 관여에 의한 결과였다. 그러나 이것을 단순히 네덜란드의 식민지 정부의 일방적인 강압이라고 생각하는 것은 착오이다. 토착의 정치체계가 가지고 있던 내적인 가능성이 외적 자극으로 인해 발전했다고 볼 수 있다.

이렇게 네덜란드 식민지 정부와의 여러 가지 관계가 비교적 평등적인 사회질서를 가지고 있던 숨바를 계급사회로 바꿨다. 수장은 네덜란드의 식민지 정부라고 하는 권위를 기반으로 하여 자신만의 통치기구를 발달시켰다. 또 네덜란드인과의 교역에 독점적으로 관여하는 수장과 다른 주민과의 경제적인 차이는 커지고, 그와 동시에 수장계층귀족씨족과 그 이외의 계층평민씨족과의 사이에 급격히 신분 분화가 생겼다. 이 과정은 19세기부터 시작되어 경제적인 면뿐만 아니라, 의례와 혼인을 통해 수장 및 귀족층의 사회적 권위를 강화하는 결과가 되었다. 계층 간의 신분 분화와 함께 씨족 내부의 서열화도 진행되어, 수장씨족은 피라미드의 상부를 차지하는 지위를 획득하게 된다.

이러한 과정은 전통적인 의례적 지위로부터 정치적 지위로 권력이 전환하는 형태를 취했다. 즉, 의례적 성격이 강한 신관직무어려운 금기에 복종한다가 단계적으로 사회적 지위를 낮추고, 거기에 반비례해 네덜란드 식민지 정부에 의해서 임명된 정치적 라자 직무의 지위가 상승되었다. 촌락구조에 있어서 숨바는 중핵마을의 자율성이 강하고, 단독의 중핵마을로 이루어진 수장사회의 경우에는 문제가 없지만, 식민지 시대에 여러 중핵마을로 이루어진 소왕국은, 왕국으로서의 통일성과 정체성이 부족해진다.

씨족과 마을

숨바섬의 마을은 예외 없이 여러 부계씨족의 구성원으로 이루어진 회합세대이다. 하나의 마을구성원은 여러 부계씨족의 구성원이 동거하고 있는 것이 일반적이다. 숨바어로 부계씨족은 「카비스Kabisu」라고 불린다. 부계씨족의 규모는 다양하지만 각기 독립한 존재이다. 같은 부계씨족은 족외혼을 실시하고 있어, 통상 세 개 이상의 부계씨족 사이에서 순환혼이 행해지고 있다. 각 씨족연합에 소속하는 부계씨족 사이에는, 과거에 시조의 혼인관계에 의거한 형제라고 하는 의제적 친연관계와 제사상의 직능에 있어서의 완만한 우열관계가 존재한다.

부계씨족의 성원 전체가 한 마을에 집중해서 거주하는 일은 없지만, 부계씨족의 중심이 되는 마을은 하나이다. 부계씨족의 분포상태는, 어떠한 사건을 계기로 하나의 부계씨족이 의도적으로 「위Atas」와 「아래Bawah」라고 하는 두 개의 마을로 나눠 각각 본가를 자칭하며 경쟁관계에 있다. 이 경우 부계씨족의 중심 마을은 두 개가 된다.

마을은 처음에 하나 또는 두 개의 부계씨족의 성원에 의해서 설립되지만, 그것이 확대되면 파생마을이 생기게 된다. 마을을 창설한 개척자의 부계씨족이하 「종가」라고 표기한다은 마을이 형성된 이래 현재에 이르기까지 마을 중심의 부계씨족으로서 권위를 계속 유지해, 주로 제사 의례상의 특권을 독점한다. 종가는 많은 파생분촌을 가지는 것이 통례로, 그 지위는 종교적·사회적·경제적 지위라고도 볼 수 있다.

이 중심이 되는 부계씨족의 제사의례상, 토착종교상의 특권을 구현해, 인증하는 것이 숨바어로 「마라푸의 집Uma Marapu=신당」이다. 마라푸란, 비인격적인 「초자연적인 힘super natural power」을 뜻하는 숨바어이지만, 보통 생물·무생물을 불문하고, 영혼이 담긴 것 모두를 의미한다. 마라푸의 「ma」는 접두사로, 「rapu」는 조상을 의미하는 「apu」라고 하는 말로부터 유래한다. 따라서 마라푸란 원래 신화상의 조상을 가리키는 말이었다. 그 마라푸를 모시고 있는 집이 「마라푸의 집Uma Marapu」이므로, 어느 부계씨족도 반드시 두 종류의 「마라푸의 집」을 갖고 있는 것이 보통이다. 그 하나는 카보브Kabobu이고, 또 다른 하나는 우마 카라다Uma Kalada라 불리는 것이다. 보통 「마라푸의 집」이라고 할 때에는 카보브를 뜻한다. 이것은 작은 초가지붕의 오두막집 내지는 돌담으로 둘러싸인 작은 제당형태이다. 신체神體는 통상 백단나무로 만든 목상, 석상, 북, 금장식품 등이다. 일반 마을사람은 이 신체를 보는 일도, 또 이것을 만질 수도 없다. 특정의 제사 때에, 신관들만이 신체를 경건히 씻어 제당의 개수에 관여할 수 있다. 우마 카라다는 부계씨족을 구성하는 관습가옥군 중에서 최고위의 격식을 가지고 있는 집으로, 각각의 관습가옥군이 모시고 있는 마라푸 중의 필두의 마라푸를 모시고 있다. 보통 마라푸는 카보브의 마라푸가 고위로, 이 두 개의 「마라푸의 집」이 부계씨족의 상징이 되고 있다.

신분제도

숨바섬에는 신분제도가 존재하고 있다. 특히 동숨바는 왕족과 귀족인 마람바Maramba, 사제 라토Rato, 평민 카비후Tau Kabihu, 노예 아타Tau Ata로 나뉘어 있다. 각각의 계급에 속하는 구성원은 각각의 계급에 속하는 역할이 존재하고, 지배계급왕족, 귀족, 라토을 중심으로 하는 촌락생활을 영위하고 있다. 이 계급구분은 태어날 때부터 결정되는 세습적인 것으로, 각 계층 간에 신분이동은 거의 불가능하다. 숨바섬의 신분제도는 인도의 카스트제도의 영향에 의한 것이 아니며, 발리섬의 카스트제도와도 많은 차이가 난다.

그런데 동숨바보다 서숨바가 비교적 평등한 사회에 가깝다고 한다. 그렇지만 단지 신분계급이 엄밀하게 구별되지 않았을 뿐 서숨바에도 과거에 라자수장 또는 왕, 신관라토, 평민, 노예가 있던 것은 확실하다. 예를 들어 북부의 마누아카라다Manuakalada 마을에는 강력한 라자수장가 존재했고, 지금의 소단Sodan 마을에는 세 명의 신관라토이 있다. 이러한 것으로 보아서 과거 서숨바 사회도 신분제도가 있던 것은 분명하며, 신관라토, 평민, 노예가 있던 것은 확실하다. 숨바섬과 같은 신분제도는 거석유구를 가지고 있는 다른 섬과도 공통된다.

귀족층에는 신관이나 수장이 포함되어 있는데, 그 중에서도 라자는 중핵마을을 창건한 조상과 계보상으로 연결되어, 경제적으로도 많은 토지와 금, 말, 물소, 돼지 등의 가축을 소유하고 있다. 라자의 집은 권위의 상징으로서 재질과 조각장식이 특별하다. 예를 들어, 동숨바의 린디 마을 왕족의 집 경우, 공들여 만든 조각을 한 기둥이 사용되고 많은 물소가죽을 사용해서 벽을 만든 집도 있다. 라자의 집 또는 종가집의 수축과 개축은 라위 라토Rawi Rato라고 하는 조상제사가 올려지는데, 이것이 숨바섬 네 개의 씨족 제사 가운데 최대의 제사이다. 이 제사에 있어서 개개의 집이 완수하는 역할이, 즉 그 집의 격식을 나타내는 것이다. 숨바의 사회제도는 각 계층이나 직업상 능력이 세습되고 상위계층에서는 가보가 존재해, 그것은 부계의 직계 가족구성원에게 상속되어 간다. 동·서숨바 신분제도를 비교하면 다음과 같다.

동숨바	구분	서숨바
Raja	왕	Raja, 식민지 이전에는 존재하지 않았다.
Maramba	귀족	Maroba, 식민지 이전에는 존재하지 않았다.
Rato	신관	Rato, 종교적인 지배자로 존재했다.
Tau Kabihu	평민	Tau Kabihu
Ata	노예	Ata

씨족을 구성하는 종가 가운데, 적어도 종가의 당주는 귀족에 해당하는 계층의 출신자이다. 숨바에 있어서의 라토의 계층에는 상하의 두 단계가 있다. 상위의 라토는 신관으로서의 라토 집단, 즉 독자적인 집의 마라푸를 모시는 종가의 호주인 라토들이다. 라토라는 말에는 원래, 신관이라고 하는 의미와 함께 충분히 경험을 한 양식 있는 인물이라고 하는 의미가 있다. 하위의 라토는 후자의 뜻으로, 일반적으로 분가한 마을의 신관은 모두 후자의 라토이다. 라토는 의례의 진행과 그 과정에서 필요하게 되는 마라푸계와 교신交信을 도모하는 역할을 담당하는 제사장이며, 각 의례에 있어서 정치적 권력자인 라자가 신관인 라토를 간섭하는 일은 없다.

신관은 동숨바 관습상의 행위에 있어, 지배자층인 마람바와 자주 대비된다. 즉, 정치적으로 우위인 마람바가 사회를 지배하고 있지만, 종교적인 세계에 있어서는 사회적으로 열위에 놓여 있는 라토라고 하는 신관이 힘을 가지고 있다. 라토가 라자보다 사회적으로 열위에 놓여 있는 것은 신관으로서 여러 가지 금기가 부여되어 있기 때문이다. 다시 말하면 이것은 정치적인 권력과 종교적인 권력을 양분하여 보다 안정된 사회를 구현하려고 했던 것이다. 그리고 상대적으로 정치적인 권위가 없이 보이는 신관도 의례 면에 있어서는 지식이 뛰어났기 때문에 그 지위가 역전하기도 했다고 한다. 계급적 사회질서가 무너지고 있는 현재의 숨바 마을사회에 있어서 라토가 존경 받고 있는 이유를 이런 것에서 찾아볼 수 있을지도 모른다.

평민Tau Kabihu은 귀족도 노예도 아닌, 단지 「카비후씨족의 사람」이며, 「표시가 붙지 않은 사람Unmarked Member」이라는 의미로서의 씨족의 구성원이다. 귀족층과 같이 평민층 사이에도 상하의 지위가 존재하는데, 선조인 여성 중에 노예가 있었던 경우 평민이라도 「소평민Kabihu Kudu」이라고 해서 한 단계 낮은 신분으로 간주된다. 일반적으로는 계층 간의 혼인에 있어서 남성이 자기보다 하위계층의 여성과 결혼하는 것만이 인정되었다. 그렇지만, 예외적으로 남성이 상위계층의 여성을 처로 맞이 하는, 이를테면 관습법을 위반하는 일이 발생한다. 이 같은 경우는, 신랑 측 가족의 재력여하에 따라서 문제가 해결되는데, 신랑 측이 지불하는 혼수금액이 상당히 비싸진다. 이 같은 결혼을 몇 세대가 거듭하는 것에 따라, 남성이 속하는 친족집단의 지위를 높게 하는 것이 가능하게 된다.

노예는 세습적인 노예와 전쟁에서 포로가 되거나 팔리거나 해서 노예가 된 두 종류가 있다. 노예가 집을 가지고 있는 경우는 없고, 주로 귀족의 집의 가내 노예로 쓰였다. 동부와는 달리 서숨바 마을사회에 있어서 과거의 노예의 상황은 잘 알 수 없지만, 무덤의 형태가 계층별로 뚜렷이 구별되고 있는 것으로 보아 옛날부터 신분제도가 존재한 것은 확실하다.

배를 상징으로 하는 숨바 사회

동남아시아에는 지붕의 용마루가 휘어 오른, 배의 선두船頭와 같은 독특한 형태를 가진 고상가옥이 많이 있다. 민족학에서는 이러한 지붕형태가 광범위하게 분포하는 것에 주목해, 이것을 「주형舟形」 지붕이라고 명명하여 기원전紀元前 인도차이나반도에 번창한 동손문화Dongson culture와 연결시키고 있다. 주형 지붕을 가지고 있는 사람들은 스스로의 조상이 돛단배Pulahu, 말레이어의 소형카누를 타고 왔다고 믿고 있다.

또, 사자死者의 영혼은 「영혼의 배」를 타고, 바다의 저쪽에 있는 조상의 고향으로 돌아간다고 한다. 그 때문에 시체는 땅에 직접 매장하지 않고, 「배프라후」라고 불리는 석관이나 옹관甕棺에 묻혀야 한다는 믿음이 있었다. 또, 그들은 아직도 선장과 선원 사이와 같은 공동체의 일원이라고 생각하고 있고, 돛단배카누를 흉내내서 높게 우뚝 솟은 주형 지붕을 만들고 있다. 촌락공동체가 산간지방에 있음에도 불구하고 문화의 구석구석에서 배를 암시하는 사회는 인도네시아의 각지에서 보고되고 있다. 그 중에서도 동부 인도네시아는 이러한 「범선문화카누문화」의 전형적인 곳이며, 배를 상징하는 마을이나 가옥의 관념, 배를 암시하는 장제葬制와 돌멘 등, 배는 사회적인 유대를 확립하는 데 있어서의 중요한 개념이다.

마을의 제장祭場에 있는 돌멘을 「암선岩船」이라고 부르며, 제장에는 뱃머리, 배 중앙부, 배꼬리에 해당하는 좌석배정이 있고, 거기에 앉는 구성원 사이에는 서열의 차가 있고, 또 그 서열방식은 촌락구성뿐만 아니라, 씨족 내부의 구성양식에까지 전개되고 있다. 동부 인도네시아 각 촌락사회를 구성하는 양식에는 두 개의 공통된 요소가 존재한다.

소형 범선(와투카카 해안, 서숨바)

배 위에 실린 돌멘(시멘트제)
그들의 정신세계를 가장 상징적으로 표현하고 있다.(게라 마을, 플로레스)

① 마을 전체가 배를 상징하는 관념이 존재한다.
② 마을의 구조가 앞부분(뱃머리), 중앙부(배 중앙부), 뒷부분(배꼬리)으로 구성되어 있다.

이러한 마을에서는 거석유구가 보이며 ①, ②의 공통사항도 거석문화의 한 요소로 간주할 수 있다. 숨바섬을 시작해 동인도네시아 일대는 과거의 잔존으로 추정되는 문화가 강하게 나타난다. 그 대표적인 것이 「배(카누)」를 상징으로 하는 사례이다. 이 지역의 거석문화는 배와 깊은 관계가 있어, 숨바의 전통적인 촌락사회에도 배를 상징으로 하는 예는 많다. 사부섬Sabu과 숨바섬에서는 「섬으로 돌아가는 것」, 「마을로 돌아가는 것」, 「집으로 돌아가는 것」이 모두 「배로 돌아간다」는 것을 의미한다. 이 섬들에서는 죽음이란 영혼이 배에 올라타 이 세상에서 서쪽에 있는 조상의 영혼이 있는 세계로 항해하는 것으로, 장례식은 지상의 인간이 그 항해를 위한 준비를 갖추어 주는 것을 의미하고 있다. 그것은 그들이 가지는 상징적 질서를 배경으로 하고 있다. 숨바섬 촌락구조의 특징은 다음과 같다.

① 거석광장을 사이에 두고 2열로 배치된 가옥군
② 거석광장을 중심으로 해서, 원형 또는 타원형으로 배열된 가옥군
③ 촌락이 세 개의 주요 구역으로 분할되어 각각 선미船尾, 배의 중앙, 선두船頭로 불리는 것이 형태는 숨바섬의 북쪽에 있는 플로레스섬의 가다족의 촌락 형태와 유사하다

숨바섬의 마을은 이와 같이 세 개의 구성양식으로 크게 나눌 수 있다. 이러한 촌락 구조는 모두 배를 상징한다. 그 대표적인 마을이 북숨바 카푼독 지방의 제일 큰 중핵마을 바크루와 동숨바의 중핵마을 린디Rindi로, 마을 그 자체가 배와 같은 평면공간으로 여겨지고 있다. 이 마을들에서는 마을의 상부는 「캄바타」, 중부를 「카니」, 하부를 「키쿠」라고 부른다.

① 캄바타Kambata : 근처에 흐르는 강의 상류부에 위치하는 작은 언덕 위에 입지하고 있
    는 영역의 부분을 말한다. 그 말은, 이른바 인도네시아형 카누의 특징을 나타내는
    「선두船頭」에 대응한다.

② 카니Kani : 촌락 중앙부의 영역을 가리킨다. 그 말은 카누의 「중앙」 또는 「배 중앙부」
    에 대응한다.

거석광장을 사이에 두고 2열로 배치된 가옥군(프라이야왕 마을, 동숨바)

원형의 거석광장을 중심으로 원형으로 배열된 가옥군(탐베라 마을, 서슘바)

성스러운 나무를 중심으로 배치되어 벤치처럼 보이는 돌멘

촌락구조가 배를 상징하는 린디 마을
마을의 상부를 캄바타船頭, 중부를 카니배의 중심, 하부를 키쿠船尾라고 부른다. (프라이야왕 마을, 동숨바)

③ 키쿠Kiku : 강의 하류부에 해당하는 영역을 가리킨다. 동숨바의 사회에서는, 입지적
으로 키쿠는 보통 촌락의 동쪽에 해당한다. 카누의 「선미船尾」라는 말에 대응한다.

한편, 이들 세 개의 주요 구역으로 분할되는 촌락 내부의 공간구성 안에는, 각
지역에 공통되는 공간표상으로서 「타로라Talora」라고 하는 거석광장이 존재한다.
이 광장은 두 열의 가옥군을 사이에 두고 있다. 여기의 중앙 내지 한쪽 구석에 귀
족의 무덤을 포함한 돌멘과, 마라푸의 출입구로 간주되는 카토다katoda라고 하는
돌로 쌓아 올린 적석유구가 있다. 옛날에는 다른 부족을 습격하여 머리를 베어 획

득한 상대의 수급을 걸어 놓기 위한 기둥 「아둥Adung」동숨바의 일부지역에서는 Andung이라고
도 부른다이 서 있다.

이 거석광장은 촌락의 모든 제사의례가 행해질 때의 중심이 되는 야외공간으
로서의 기능을 하고 있다. 그 중에서도 이러한 돌멘이 세워져 있는 지점은 인간
의 배꼽에 해당하는 곳으로, 이 거석광장을 범선에 비유하면 배의 갑판에 해당한
다. 또한, 돌멘의 석판조각을 범선카누의 돛이라고 부른다. 마을 중심에 위치하고
있는 거석광장은 촌락과 마라푸계라고 할 수 있는 초자연계와의 교신지점으로
간주되고 있으며, 돌멘도 마라푸가 안식처로서 사용하는 것이라고 하는 신앙도
존재한다.

석판조각은 펜지 레티Penji Reti라고 불리며, 「돌멘의 돛」을 의미한다. (프라이야왕 마을, 동숨바)

3. 숨바섬의 의례

씨족 제사

(1) 라위 라토Rawi Rato

종가집의 신축개축의례의 라위 라토Rawi Rato와 신년제 우라 포두Wula Po'du는 모두 부계씨족의 시조의 영혼을 위로하는 일종의 조상제사라고 할 수 있다. 라위 라토는 부계씨족의 최대의 제사의례로, 숨바어로 「마라푸의 집」을 세우는 것을 말한다. 대단히 복잡한 내용을 가지는 제사의례로 제사절차에도 여러 가지 까다로운 규칙이 있다. 라위 라토는 다음 두 개의 경우에 한해서 행해진다.

① 종가집을 전면적으로 개축하는 경우
② 종가집의 지붕, 또는 일부를 수축하는 경우

종가집을 전면적으로 개축하는 경우, 「기둥을 세우는 것」은 중대한 의의를 가진다. 숨바의 집은 보통 네 개의 굵은 기둥을 갖고 있다. 모촌의 중심이 되는 부계씨족의 종가관습가옥의 기둥의 하나하나에는 특별한 이름이 있어 각각 특정 기능을 가진다. 네 개의 기둥 중 하나가 마라푸의 기둥, 성스러운 기둥으로서 숭배의 대상이 되고 있다. 「종가집Uma Kalada」의 경우, 반드시 성스러운 나무로 되어 있는 마세라 또는 백단나무를 사용하지 않으면 안 된다. 기둥이 가지고 있는 숨바인의 자랑이나 집착은 대단한 것으로, 종가의 성스러운 기둥은 실로 부계씨족의 권위를 상징하는 것이다.

라위 라토는 원칙으로 7년에 한 번 실시한다. 만약 그 해 풍작으로 수확이 좋으면 3년째에 실시할 수도 있다. 그러나 사실상 집은 보통 10년이나 20년은 가기 때문에 집이 전면적 개축하는 경우는 드물고, 보통 집의 지붕을 바꾸는 경우가 많다.

그런데 3년 또는 7년간 부계씨족의 신관은 회합을 가져 계획을 가다듬고, 라위 라토 때 제물로 바쳐지는 물소와 돼지, 닭을 준비해 둔다. 그리고 3년째 또는 7년째에 이제까지 모아둔 모든 가축을 제물로 바쳐 제사를 올리는 것이다. 가장 큰 라위 라토를 실시하는 부계씨족은 3년부터 7년간 부계씨족의 전 성원은 신년을 제외한 어떠한 경우에도 가축을 죽일 수 없다. 다른 부계씨족의 경우는 종가의 성원만이 이것을 지켜나가며 부계씨족의 전 성원에게까지 규제가 미치는 일은 없다. 신관은 제사의 준비기간 중 씨족연합이 소속하는 전 부계씨족을 돌아 제물을 모은다.

종가의 신축에는 보통 1~2개월을 필요로 한다. 부계씨족의 시조인 마라푸의 신체목상는 신관 이외의 일반의 마을사람의 눈에 닿지 않게 천으로 싸여 임시가옥에 옮겨진다. 라위 라토는 주민들이 기독교로 개종한 마을들이 증가하고, 막대한 비용이 드는 것과 동시에 복잡한 여러 가지 절차와 규제가 있기 때문에 지금은 거의 행해지지 않고 있다.

우마 마라푸는 종갓집과는 달리 물리적으로 잔손이 가지 않기 때문에 매년 개축이 아닌 수리를 하는 것으로도 충분하다. 우마 마라푸라고 하는 신당의 개축과 수리는 사제직의 신관들만으로 만들어진다. 그러나 우마 마라푸는 부서지기 쉽기 때문에 때에 따라서는 매년 개수할 필요가 생긴다. 그때마다 많은 가축을 제물로 바쳐야 하기 때문에 경제적 사정으로 우마 마라푸를 만드는 것을 포기하고, 개축이나 수리할 필요가 없는 동굴 안에 과감하게 마라푸를 옮겨버린 부계씨족도 있다. 숨바의 여기저기에서 라위 라토의 권리를 가지면서 재건되지 못한 채 종가의 기둥이 썩은 채 방치되어 있는 것을 자주 볼 수 있다. 숨바의 전통적 사회에도 새로운 시대의 물결이 밀어 닥치고 있는 것을 알 수 있다.

(2) 신년제「우라 포두」

라위 라토와 함께 중요한 씨족의 제사의례에는 「우라 포두Wula Po'du」가 있는데, 숨바어로 성스러운 달을 의미하는 말로 신년제를 가리킨다. 신년제「포두」는 10월 중순에서 11월의 중순까지의 1개월 간을 성스러운 달로서 가축을 죽이는 것, 징을 치는 것, 집의 수리, 장례식 등 모두의 눈에 띄는 소란스러운 활동은 금지되고, 또 이 시기에는 사람이 죽어도 우는 것조차도 금지된다. 이 성스러운 달이 시작되면 신년이 되는 것이다. 우라 포두의 마지막 날Kalango은 일 년을 마무리 짓는 의미로 사람들은 밤새 춤추며 신년의 설날을 맞이한다. 우라 포두에 들어가는 전날을 타우나 마라푸Tauna Marapu라고 하여, 이 날도 밤새 노래와 춤이 계속된다. 신년제 포두의 제사 의례은 라위 라토와 함께 최대의 씨족 행사이다.

숨바섬 마을에는 반드시 나타라 카라다Natara Kalada로 불리는 거석광장이 있다. 이 거석광장은 공적으로 사용되는 광장Natara Umun으로, 신년제 때는 이 공적인 거석광장을 무대로 전개된다. 여기서 주의해야 할 것은, 광장은 어느 광장이든지 관념적으로 그 마을에 종가집을 가지고 있는 부계씨족 중 최대의 부계씨족에게 귀속하는 것으로, 결코 단순한 마을의 광장이 아니다. 현실적으로 거석광장은 해당 부계씨족이 배타적으로 점유권을 행사하는 것은 아니고, 신년제와 같은 대제 때는 마을의 전성원이 이 광장에 모여 노래하며 춤을 춘다. 라위 라토 때도 광장은 사용되지만, 이 경우에는 부계씨족 단위로 사용된다.

일상생활에 있어서 가축을 죽여 개별적인 의례를 실시하는 것은 각 집과 인접해 있는 알로 우마Alo Uma로 불리는 작은 마당과 같은 거석광장Natara이다. 이 광장에는 비교적 작은 규모의 돌멘이 한두 기가 세워져 있고, 이것들은 각 개인이 소유하는 배타적으로 점유하는 거석광장이다. 이 밖에 또 한 종류의 나타라 가토다Natara Katoda라고 하는 거석광장이 있는데, 이것은 옛날 다른 부족을 습격하여 머리를 베어 제례를 하는 경우에만 사용되었다.

숨바섬의 신년제 우라 포두
돌멘에 둘러싸인 거석 광장에서 몸치장한 남녀가 노래와 춤으로 밤을 지새운다. (탐베라 마을, 서숨바)

카토다Katoda라는 말은 인간과 초자연적력 마라푸와의 사이를 중개하는 「제단석祭壇石」을 가리키는 말이다. 서숨바의 일부 마을에서는 카토다는 보통 적의 목을 거는 기둥을 가리킨다. 목을 거는 나무로는 두 종류가 있는데, 그 중 하나가 카토다Katoda, 또 하나가 아둥Adung이다. 카토다는 적의 수급을 걸기 위한 것이며, 아둥은 두개골을 거는 상부가 凹 모양의 기둥이다. 카토다와 아둥은 한 쌍으로 양쪽 모두 머리 사냥을 위한 광장 나타라 가토다에 세워져 있다. 이미 썩어 버린 곳도 있지만 아직 카토다와 아둥은 머리사냥이 폐절된 오늘날에도 남아 있는 마을이 많고, 지금도 의례 시에는 금줄이 걸린다.

거석광장의 일각에 있는 적의 목을 거는 나무
목을 거는 나무는 두 종류가 있는데 그 중 한 개가 좌측의 나무 속에 있는 카토다이고, 또 하나가 우측의 아둥이다.(마누아카라다 마을, 북숨바)

숨바섬의 장송의례

(1) 현재의 장송의례

숨바섬의 장송의례는 서숨바와 동숨바에서 1992년 8월, 2004년 8월, 2008년 2월과 8월, 총계 4회의 장례식을 견학했다. 숨바섬의 장송의례는 지역과 사망자의 신분에 따라 다소의 차이가 있다. 그 중 2004년 8월에 라이 타룽Lai Tarung에서는 원래 있던 돌멘이 재사용되어 사망자가 매장됐고, 2008년 8월은 파승가

Pasunga 마을에서는 시멘트로 신축한 돌멘이었다. 현재의 숨바섬의 장송의례는 근대화와 기독교화의 영향으로 전통적인 장례식의 일부가 변해가고 있고, 사망자의 종교와 신분에 따라 다소의 차이가 있지만, 이하 현재 매장의례의 흐름을 소개한다.

① 기본적으로 죽은 사람은 돌멘에 매장된다. 오래된 돌멘을 재사용할 경우, 아로 우마 Alo Uma로 불리는 작은 마당과 같은 거석광장Natara에 있는 부계혈연을 중심으로 하는 선조의 돌멘에 매장한다. 부모와 자식이 같이 묻히는 법은 없고, 조부모 세대와 손자의 세대가 함께 매장된다. 우선 유체는 가족의 재력에 따라서 금은의 장식품을 몸에 부착시킨다. 그리고 시신은 어머니의 태내에 있는 영아의 모습을 흉내내서 마라푸계에서 재생을 바라는 의미로 웅크린踞 자세로 해서, 첸kat으로 겹겹이 싸 놓는다. 최근에는 목관을 사용하는 것이 일반적이다. 관은 몇 장의 천으로 한 번 더 싸여진다. 그리고 장례식 날까지 사망자는 자신의 집안에 제일 큰 오른쪽 방에 안치되어 생전과 같은 생활을 보낸다. 그리고 장례식을 개최하기 위한 모든 준비가 완료될 때까지 그 시체는 가옥 내에 안치된다. 1980년대까지만 해도 보통 수개월 안에 무덤에 매장할 수 있으면 빠른 편으로, 그 중에는 10년 이상 지나도 준비가 되어 있지 않아, 가옥 내에 안치된 채로 있는 유해도 드물지 않았다. 그 준비란 친족 여자는 직물, 친족 남자는 말이나 소, 물소를 준비하지 않으면 안 된다. 상주 측은 많은 수의 조문객을 수용해 대접하기 위한 임시가옥과 식량의 확보가 필요해진다. 돌멘의 조영도 이러한 장례준비의 일환으로서 행해지는 행사이다.

② 현재 정부는 사후 3일 이내에 시체를 매장하도록 권하고 있다. 기존하는 돌멘을 재이용하거나 시멘트제 돌멘은 3일 이내에 매장이 가능하며, 현행의 숨바섬 장례는 거의가 1차장이다. 그러나 전통적인 방법으로 돌멘을 축조하면 오랜 시간이 걸려 2차장이 일반적이었다. 신분이 높은 경우 관습가옥이나 거석광장 일각에 큰 나무를 파서

시신을 안치하고, 평민의 경우는 초분에 시신을 안치하여, 돌멘이 완성된 후 2차장이 행해지고 있다. 장례 3일 전부터 주변의 친족으로부터 물소나 말, 돼지가 제공된다.

③ 장례는 거석광장에서 행해지며, 사망자의 지위와 부에 따라 말이나 물소를 도살해, 호화스러운 죽은 자의 제연祭宴이 행해진다. 장례식 날 아침, 수십 명의 친족들이 동으로 된 징이나 북을 치며 물소를 선두로 마을에 들어온다. 그들은 맨 먼저 죽은 자의 집까지 가서 조의를 표한다. 이 행렬의 인원수는 20명에서 70명 정도이다. 조문객은 관습가옥의 베란다에 안내되어 각각 접대를 받는다.

오후가 되어도 친족과 지인들의 행렬이 이어지고, 조문객들은 우선 상주 측에게 조문인사를 한 뒤 대변자를 통해 조문품을 전달한다. 말의 경우는 그 자리에서 칼로 목이 베어져 제물로 바쳐진다. 장례식에 있어서 살아있는 가축의 도살은 정부에 의해서 돼지를 제외한 말, 물소, 소 다섯 마리까지로 제한되었으며, 대량의 가축의 도살

돌멘의 완성을 기다리는 동안 속을 파내고 사자를 안치해 두는 큰 나무(와이가리 마을, 동숨바)

을 막기 위해 세금을 부과하고 있다.

저녁 때 돌멘 앞에서는 신관최근에는 목사에 의한 죽은 자에의 기도를 하고, 기독교도의 경우는 목사에 의한 설교와 찬송가가 불려진다. 사자를 안치한 가옥 안에서는 마지막 이별이 행해지며, 그 후는 몇몇의 남자들에 의해 관이 옮겨져 돌멘의 매장부에 입관된다. 유해 위에 염직물이 놓이고, 뚜껑이 덮인다. 입관 후 제연광장을 둘러싸듯이 사람들이 원진을 만들어 물소의 공희祭供犧祭가 시작한다. 조문객들은 자신이 가지고 온 물소와 소가 제물로 받쳐지기를 기대하지만, 상주측은 부담스러운 세금 때문에 많은 수의 가축도살을 주저하고 있다. 경제적으로 여유

초분(북숨바)

가 있는 집은 성수인 8을 기준으로 16, 24, 32의 숫자로 가축을 제물로 바친다.

(2) 린디 왕국 최후의 부왕의 장례

1998년 10월 8일, 동숨바 린디 왕국의 부왕副王 움브 후키 란드위자마Umbu Huki Landedjama가 향년 83세의 나이로 사망했다. 그는 린디 왕국현재의 린디 군과 파토라훈가로두 군을 포함한 지역 왕의 차남으로서 태어났으며, 형이 왕위를 오른 다음에 린디 왕국의 부왕이 되었다. 1962년에 왕국스와프라자의 제도가 폐지된 뒤에도 지방정부의 고위 관직과 여러 가지 공직에 있었다. 그는 퇴직 후에도 여러 특권을 갖고 광대한 토지

와 많은 가축특히 물소와 말을 소유하고 있었다.

또, 프라이야왕Prai Yawang 주변의 마을주민의 상당수는 그의 노예이며, 그는 관습법상의 왕족으로서 큰 권위를 갖고 있었다. 본래 린디 왕국은 네덜란드 식민지 정부의 비호를 받아 세력을 확대했는데, 1912년의 린디 왕국에는 전 인구의 약 1/3에 해당하는 1,198명의 노예가 있었다. 노예는 본래 왕과 귀족에게 종속되어 평민과는 구별된다. 다만 노예라고 해도 경제적·사회적으로는 거의 평민과 같은 생활을 하고 있다. 또 그는 인척관계로 동숨바 각 지방의 왕족과 연결되어 있어, 명실공히 그는 숨바의 마지막 유력한 왕족으로서 알려져, 그의 죽음은 숨바의 한 시대의 마지막을 고하는 것이었다.

옛날의 린디 왕국은 숨바섬의 동부에 위치해 그 중심적인 마을이 프라이야왕으로 현재의 린디 군과 파토라훈가로두 군을 포함한 지역의 많은 마을을 지배했었다. 부왕의 장례를 한 프라이야왕 마을린디, 또는 렌데라고도 한다은 린디 지방과 만기리 지방의 중심으로 왕족만이 모여 살고 있는 마을이다. 마을 안에는 두 채의 관습가옥숨바 어로 Uma Bokulu, 인도네시아어로 Rumah Adat과 여덟 채의 왕족의 집이 있고, 약 100명2005년의 주민 대부분은 전통 종교 마라푸신앙을 믿고 있다. 린디는 동숨바 중에서도 기독교화가 아직 진행되지 않은 지역이라서 전통적인 관습이 강하게 남아 있다.

부왕의 사망 직후 유해는 집의 제일 큰 오른 쪽 방공적인 공간에 옮겨졌다. 부왕의 유해는 중요한 인척관계에 있던 파오왕족에 의해 최상의 의복이 착용되었다. 파오의 왕족은 예로부터 린디왕족으로부터 신부를 맞이하고 있는 특별한 씨족으로, 이후 장례에서 중요한 역할을 완수했다.

입, 옷의 포켓 등 유해의 각처에는 금제의 장식품을 넣었다. 이것은 사자死者의 나라에서의 죽은 자의 재산이 된다고 한다. 또 유해는 총 여덟 8장의 숨바 직물로 싸였다. 이것은 바보룬묶음이라고 불리는 의례로 이때 한 마리의 물소가 제물로 바쳐 졌다. 이러한 가축은 죽은 부왕과 함께 사자의 나라에 간다고 믿고 이후에도 장

물소의 공희제(供犧祭)
물소가 날뛰지 않도록 밧줄로 머리를 묶고 양쪽으로부터 잡아당긴 뒤 칼로 목을 잘라 도살한다. (고리장지 마을, 서숨바)

례의 다양한 국면에서 가축이 도살되었다.

부왕의 사후 이틀 후인 1998년 10월 10일에는 각지의 친인척과 과거에 지배했던 마을에 부왕의 죽음을 알리는 사자使者가 보내졌다. 그 결과 많은 사람들이 부왕의 죽음을 애도했다. 손님 중에서 린디 왕족에게 신부를 받은 측wife taker으로 되어 있는 파오 마을에서 온 조문객비록 직접적인 인척관계가 아니더라도은, 금속제의 장식품을 지참한다. 한편 신부를 주는 측wife-giver인 와잉가푸 시의 프레리우로 마을로부터의 조문객은 직물을 지참했다.

숨바에서는 자신이 속하는 집단을 중심으로, 전통적으로 여성을 신부로 주는 집단 및 신부를 받은 집단이라고 하는 삼자 사이의 관계는 고정적이고, 이러한 순환혼의 결연관계는 사회의 기초가 된다. 혼인의 체결에 임하여, 신부를 받은 집단이 신부를 준 집단에 혼재marriage presentation를 지불하는 것이 관례이고, 그에 대한 답례가 보내진다. 단순히 말하자면, 혼인의 체결에 임하여, 아내를 받는 자는, 주는 자에 대해 남재masculine goods로서 가축말과 물소과 금속의 장식품마불리이 주어지고, 아내를 주는 자는 받는 자에 대해 여재feminine goods로서 돼지와 직물을 주게 된다. 이러한 혼수품을 결정하기 위해서, 신부를 보내는 자와 받는 자와의 사이에 끝없이 반복되는 교섭이 혼인의례의 중심을 이룬다. 이러한 혼수의 지불에 있어서 아내를 받는 자가 아내를 남편에게 귀속시키는 데 필요하게 되는 혼재를 충분히 지불하지 않은 결과로 아이를 아내의 씨족에게 귀속시키는 일이 종종 일어나고 있다. 이러한 재산의 교환은 장례에도 마찬가지로 특정의 재물을 교환한다.

부왕에게는 성인이 된 세 명의 아들과 네 명의 딸이 있었지만 장례에 걸리는 비용을 어느 정도 마련할 수 있던 것은 2005년 3월 무렵으로, 4월에는 돌멘에 사용되는 좋은 석재가 마을로부터 3km 멀어진 숲 안에서 발견되어, 4월 20일부터 채석 작업에 들어갔다. 채석작업에는 약 스무 명의 석공들이 동원되었고 철제굴봉, 망치, 도끼 등을 사용한 수작업으로 석재를 채석했다. 채석부터 가공까지 2개월 걸렸으며, 돌멘용 석재가 마을로 옮겨져 부왕의 돌멘이 완성된 것은 2005년 10월 19일로, 제작으로부터 6개월이 걸렸다. 돌멘 제작 중에는 일이 있을 때마다 물소나 돼지가 제물로 바쳐졌다. 부왕의 돌멘은 전체적으로 전통적인 방법으로 만들어졌지만, 채석장과 마을 간의 일부구간은 석재가 대형 트럭으로 운반되고, 상석을 지석 위에 올리는 작업도 중기가 사용되었다.

2005년 10월 5일 부왕의 가까운 친족이 모여 장례식의 초대를 위해 사자使者는 누구를 어디에 보내는지 등이 결정되었다. 이 회의에서 부왕의 장례는 이미 죽은 왕족 중에서 아직 장례를 하지 않은 왕족도 함께 합동으로 지내는 것이 결정되었다. 또한 매장을 위한 의례는, 8일간 진행되는 것으로 결정되었다. 본래 숨바의 대

채석작업

망치와 도끼 등을 사용해 수작업으로 석재를 가공한다. (프라이야왕 마을, 동숨바)

왕 클래스의 장례는 8일간 계속되는 것이 정식이다. 숨바의 의례에서는 짝수, 특히 4 또는 8이 완전성을 나타내는 수라고 하여 중요시여겼으며, 도살되는 가축의 수 등 의례의 다양한 장면에서 이러한 성스러운 숫자가 사용되었다.

10월 6일에 혼인관계에 있는 부족이나 예로부터 지배하고 있던 마을들에 장례식 날을 알리는 사자使者가 보내졌다. 스무 명의 사자使者가 약 마흔 개의 마을로 향해 차나 말을 타고 출발했다. 이 날로부터 부왕의 유해는 자택에서 관습가옥의 우측카할 버클에 옮겨졌다. 숨바의 전통적 가옥은 좌측과 우측에서는 그 역할이 크게 달라 좌측은 세속적이고 사적인 영역으로 여겨지는 데 대해, 우측은 의례적으로 공적인 영역으로 간주된다.

부왕의 유해가 안치되었던 관습가옥
장례가 끝날 때까지 파팡강죽은 사람의 시종이 집안에서 죽은 사람의 시중을 든다. (프라이야왕 마을, 동숨바)

이때 이후, 부왕의 죽음은 공식적인 것이 되어 외부의 손님을 불러 다양한 의례가 개최되었다. 이날 저녁, 관습가옥 안의 중앙에 있는 불구덩이에 모닥불을 피웠고, 신관에 의한 짧은 기원이 끝난 뒤 집 앞에서 물소가 제물로 받쳐졌다. 이것은 「부이 아브불을 일으킨다」 의례라고 불린다. 이후 매장의례 날까지 야간은 관습가옥에서 불이 꺼지는 일이 없도록 하고, 왕족의 여성들은 유해와 같이 시간을 보낸다.

유해는 숨바에서도 최고급의 직물로 덮었다. 원래 린디 지방은 숨바 중에서도 직물의 산지로서 유명한 곳이어서, 부왕의 시신을 덮은 직물은 부왕의 아내와 딸이 짠 것으로 천연염료를 사용한 최고급의 직물이었다. 그 밖에 왕족의 권위를 상징하는 파토라라고 하는 직물과 비즈로 짠 바구니이 안에 왕을 위한 식기를 넣는다가 매달려

부왕의 유해가 안치된 관습 가옥
사진의 제일 가운데가 부왕의 유해로, 그 주변에 모여 우는 여성들이 있다. 유해를 가리는 직물은 왕족의 권위를 상징하는 인도 유래의 실크제 파토라이다. (프라이야왕 마을, 동숨바)

있어, 그 안에는 숨바의 호화로운 재보가 넣어져 있다. 이러한 물건들은 의례적인 재산으로서 숨바에서 제일이라고 불리는 이 왕족의 부를 나타내는 것이다.

10월부터 린디 마을에서는 많은 조문객을 맞이하기 위한 준비가 빠른 속도로 진행되었다. 관습가옥의 주변의 각 집에서는 보수를 하거나, 가옥에 접해 임시의 오두막을 짓거나 했다. 또, 조문객을 대접하기 위한 쌀, 가축물소와 돼지, 식기 등의 준비도 분주하게 행해졌다. 장례의 준비는 단지 부왕의 가족뿐만이 아니라 린디 왕족 전체가 참가했고, 또 린디 군과 파토라훈가로두 군의 관공서 등도 협력해서 함께 진행되었다.

10월 20일에는 남자 세 명과 여자 세 명, 총 여섯 명의 「파팡강Papanggang」을 두기 위한 의례가 행해졌다. 파팡강이라고 하는 것은 사자의 시종심부름꾼이며, 일반적으로 부왕의 노예 중에서 남자 세 명과 여자 세 명이 선택된다.

세 명의 남자 파팡강은, ① 사자死者의 영혼을 말에 태우고 가는 말의 시종 「카리티 자라」Kaliti Jara, ② 천국의 문을 여는 닭의 시종 「룽구 마누Lunggu Manu」, ③ 사망자의 재보가 들어간 가방을 가지는 시종 「하리리 카룸붓」Halili Kalumbut이다. 세 명의 여자 파팡강은, ① 천으로 얼굴을 가리고 죽은 자의 시종을 드는 「티둥 투북Tidung Tubuk」, ② 기호품 시리 피낭의 시종 「유트 카프Yutu Kappu」, ③ 화장품 가방을 드는 시종 「유티아마 카보Yutiama Kabo」이다.

특히 장례에 있어서 중요한 역할을 완수하는 것은 천국의 문을 여는 닭의 시종 룽구 마누Lunggu Manu와 천으로 얼굴을 가린 티둥 투북Tidung Tubuk으로, 장례가 시작되면서부터 항상 유해의 옆에서 생활해야만 한다. 그들은 화장실에 갈 때 이외는 밖에 나오는 일도 용서되지 않는다. 이 사자의 시종인 룽구 마누와 티둥 투북은 왕가의 노예 중에서 일종의 점으로 선택되어, 옛날에는 죽은 왕과 같이 순장되었다고 한다.

선택된 시종 두 명은 특별한 의상과 장식품을 몸에 걸치게 된다. 일상의 의복과는 다른 호화로운 직물을 몸에 걸치며, 그 입는 방법도 일반 사람과는 완전히 다르다. 두건과 허리띠는 보통과는 역방향으로, 사자死者를 천으로 감싸는 것과 같은 방향왼쪽으로 감는다.

이러한 관습과 관련해서 흥미로운 것은 숨바섬의 금줄도 우리나라 금줄과 같이 왼쪽방향으로 꼬아간다는 것이다. 마라푸에게 기원을 바친 뒤, 북과 징이 울리고 신관에 의해서 의례적인 구령이 8회 반복되는 가운데, 두 명의 파팡강은 실신 상태가 되어, 부왕의 가족들에 의해서 유해가 안치되어 있는 관습가옥까지 옮겨진다.

이날 이후, 아침과 저녁에 북과 징이 단조로운 리듬으로 울리고, 사자의 시종인 룽구 마누와 티둥 투북은 실신상태가 된다. 이때 특별하게 장식된 말이 집 앞에 끌려왔다. 사자의 영혼은 유해를 떠나 이 말을 타고 「마라푸의 왕국사의 나라」에 간다고 믿고 있다. 실신상태가 된 파팡강의 영혼도 사자死者를 따라서 「마라푸의 나라」에 간다고 믿고 있다. 그 때문에 파팡강은 「마라푸의 나라」의 모습에 대해 말할 수 있고, 또 그들이 말하는 사항은 죽은 부왕의 희망사항으로서 듣지 않으면 안 된다고 여긴다. 이 의례는 「트두 하락함께 간다」이라고 불려, 매장식 날까지 빠뜨리지 않고, 음악과 노래가 아침부터 저녁까지 매일 되풀이된다.

이와 같이, 파팡강은 생존자이면서 장례가 종료될 때까지 생과 죽음의 경계에 있는 생활을 보내지 않으면 안 된다. 사자에게는 매일 식사가 올려져, 파팡강에도 부왕과 같이 호화로운 식사가 주어진다.

10월 20일 오후부터, 린디 부근의 지방 등에서 조문 그룹이 차례차례로 왔다. 일행은 왕의 씨족에게 신부를 받은 측인지 신부를 준 측인지에 따라 내용이 서로 다른 조문품을 지참했다. 린디 왕족으로부터 신부를 받은 측의 일행은 금과 은으로 만든 장식품과 말 또는 물소를 지참하는 한편, 신부를 준 측은 직물 혹은 돼지를 가져 왔다.

조문 일행은 린디에 도착하면 곧바로 관습가옥으로 향한다. 유족 측에서는 조문객을 맞이하기 위해 독특한 리듬으로 북과 징의 청동악기를 쳐서 새로운 조문객

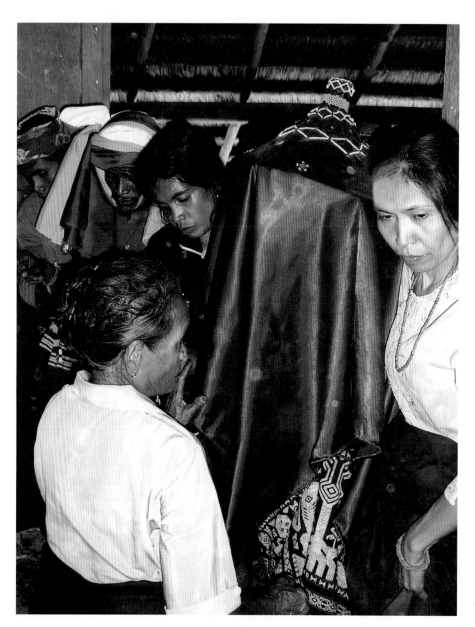

사자死者의 시종 룽구 마누와 티등 투북(프라이야왕 마을, 동숨바)

의 방문을 마을사람들에게 알린다. 부왕과 혈연관계가 있는 여성들은 유해가 놓여 있는 관습가옥 안에 들어가 슬프게 오열했다. 한편, 남성은 일반적으로는 관습가옥 안에 들어가는 일은 없고, 안내받은 집 앞에 있는 베란다에 앉아 유족 측으로부터 커피나 시리 피낭일종의 기호품으로서 석회와 함께 씹는다의 대접을 받는다. 이것은 장례 때뿐만 아니라 손님접대에서 빠뜨릴 수 없는 접대품 중의 하나이다.

일반적으로 조문객은 상주 측 가족들과 인사를 마친 후 지참한 조문품을 전하는 것이 관례이다. 숨바의 교환의례의 특색은 「우난」이라고 불리는 대변자에 의해서 말해져, 독특한 의례 언어루루크가 사용된다. 말투는 대구법을 구사하고, 잘 짜진 문구 속에 다양한 의도가 왜곡적으로 포함되어 있다.

조문객 측의 대변자는 「칸데한」이라고 하는 심부름꾼을 데리고 간다. 상주 측의 대변자와 그 심부름꾼과 대화하여 조의를 표하는 동시에 양자 사이의 역사적인 관계도 언급하며, 가져 온 조문품의 내용을 전한다. 이때 대변자는 상대 측의 심부름꾼의 이름을 부르면서 말을 한다. 이것이 끝나면 상주 측의 대변자가 상대측의 심부름꾼의 이름을 부르고 조금 전의 말을 복창한다.

그 후, 상주 측의 대변자와 심부름꾼은 조문품들의 내용을 집으로 들어가 다시 상주또는 그 대리 앞에 앉아 있는 또 한 조의 대변자에게 전한다. 위와 같은 번잡한 단계를 거치고 간신히 조문객의 말은 상주에게 전해진다. 상주와 대변자들은 조문객에 대한 인사의 내용을 상담하고, 그 후 상주의 대변자가 대답하는 형태로 조문객에게 전한다.

숨바에서는 이같이 장례에 따르는 교환뿐만이 아니라 다양한 교섭에서 당사자가 직접 말을 주고받는 일은 절대로 없고, 반드시 대변자를 세워 의례언어를 사용하여 대화가 진행된다. 이러한 간접성과 왜곡성은 숨바문화의 큰 특징 중 하나라고 할 수 있다. 이러한 교환의례를 마친 그룹은 각자에게 배당된 숙소에 안내된다.

20일에 이어서 21일에도 조문객이 린디에 도착했다. 최종적으로 8일간에 온

관습가옥으로 들어가는 사자死者의 시종 유티아마 카보(프라이야왕 마을, 동숨바)

조문품을 지참하고 방문한 조문객

죽은 부왕과 함께 사자死者의 나라에 방문하는 시종 룽구 마누와 티둥 투북은 옛날에 죽은 왕족과
함께 돌멘 아래에 순장되었다고 한다. (프라이야왕 마을, 동숨바)

그룹은 린디 왕족으로부터 신부를 받은 측의 조문객이 전부 열세 그룹, 신부를 준
측이 합계 열두 그룹, 또 인척관계에 없고 서로 원조하는 「형제」의 관계로 장례에
참가한 그룹, 옛날에 지배하고 있던 마을사람 등 총 마흔 그룹으로, 손님의 총 수는
약 3,000명에 달했다. 이 장례의 무대가 된 프라이야왕 마을의 인구가 100명이기
때문에 이만큼의 손님을 맞이하는 것이 얼마나 힘든가는 쉽게 상상할 수 있다.

덧붙여서 조문객이 지참한 증여의 가축의 총 수는 말 스물 네 마리, 소 서른 마
리, 물소 예순 마리 및 돼지 일흔 마리이다. 신부를 받은 집단은 반드시 금속의 장
식품과 함께 가축말과 물소을 가져오지 않으면 안 되지만 신부를 준 대부분의 그룹은
직물과 돼지를 가져온다.

신부를 준 집단에서 두 그룹이 여자 노예를 데리고 린디에 왔다. 여자 노예는 신부를 준 집단으로부터 신부를 받은 집단에게 주어지는 혼수 중에서 가장 의례적으로 가치가 높은 것으로 여겨진다. 귀족끼리의 결혼에 즈음해서는 신부의 심부름꾼이라고 하는 형태로 여자 노예가 신랑에게 주어진다.

　당초의 예정으로는 20일 안에는 초대된 모든 조문객이 도착할 예정이었지만 21일이 되어 겨우 모든 것이 갖추어졌으며, 전날에 도착한 그룹을 포함한 모든 조문객과의 교환의례가 완료되었다. 그 때문에 21일의 밤부터 매장을 위한 다양한 의례가 전개될 수 있었다.

　이날 밤 관습가옥에 상주인 장남과 친족대표가 모여 이후의 장례의 진행, 특히 다음날로 예정되어 있는 파팡강을 추가하는 의례의 진행에 대해 서로 이야기를 했다. 그 후 다음날로 예정되는 행사가 순조롭게 행해지도록 마라푸에게 기원과 가축을 바쳤다. 이와 같이, 무엇인가 행사를 하기 전의 밤에는 그것을 마라푸에게 전하고 가호를 요구하기 위해서 의례가 집행된다.

　21~23일의 심야, 관습가옥의 앞에서 장송노래가 불려지고 거기에 아울러 여성들이 서클댄스란쟈 파이를 추었다. 이러한 춤은 24일의 오후에 보다 화려하게 반복되었다. 이때, 「요예」라고 하는 왕족의 장례 등 특별한 기회에 불리는 노래에 맞춰 많은 여성이 관습가옥으로부터 광장에 나와 서클댄스를 추었다. 이러한 서클댄스는 장송의례나 돌멘 축조 의례 이외에도 추는데, 이는 숨바에서 회전의 의미가 풍요와 다산을 나타내기 때문이다.

　25~26일, 서클댄스를 하기 전에 여섯 명의 파팡강을 위해서 물소 한 마리가 제물로 바쳐졌다.

　27일의 밤, 전날과 같이, 상주인 장남과 친족대표가 관습가옥에 모여 입관식 날짜를 다음날인 28일로 결정했다. 물론 입관식 날짜는 상주 측 마음대로 결정되는 것이 아니라, 신관이 제물로 받친 돼지의 생간을 보고 점을 쳐서 최종결정을 내렸다. 모든 준비가 끝나자 다음날 내일 부왕이 매장되는 것을 마라푸에게 전하는 기원이 올려졌다. 이때에 물소 한 마리가 제물로 바쳐졌다. 이날 밤이 입관식 전의 마지막 밤이기 때문에 「대철야大徹夜, 파와라 버클」라고 불리며, 밤을 지새워 장송노래를 부르고, 서클댄스를 춘다.

28일, 아침부터 마을사람들은 장례준비로 바쁘고, 형용할 수 없는 이상한 분위기 속에 장송의 클라이맥스를 향한 긴장이 고조되었다. 오후 1시가 지나, 동숨바 섬의 지사와 군수가 린디에 도착해, 마지막 장례가 행해졌다. 이 시점에서, 정식으로 초대된 손님 외에, 와잉가푸시나 다른 마을로부터 온 구경꾼이 매장 의례가 거행되는 광장은 물론 마을 밖까지 넘쳐흘러, 장례관계자까지 합하면 그 총 수는 3,000명을 넘었다고 한다. 조금이라도 가까이에서 장례를 보려고 하는 구경꾼을 말리려고 시내에서 온 경찰관들이 기를 쓰고 있었다. 마을 앞을 지나는 간선도로는 통행이 불가능해 모든 차들의 운행이 정지됐다.

부왕이 매장되는 돌멘은 자택 앞의 거석광장에 새롭게 만들어졌다. 비용을 차치하고, 숨바의 왕족이 전통적인 관습법에 따라서 만든 마지막 돌멘이다. 부왕의 권위를 상징하는 악어, 거북이 상을 무덤에 장식해, 숨바의 전통성의 유지를 목표로 해서 세운 무덤이다. 부왕의 무덤은 본래의 전통에 따라서 산에서 잘라내 끌어온 석재를 사용했다. 부왕의 무덤에 어울릴 만한 거대한 돌을 마을로 운반하기까지는 많은 사람들의 노동력을 필요로 했다. 왕족의 권위도 옛날같지 않고 그 동원력도 약해진 현재, 부왕 움부 머위 란드위자마의 무덤은 전통적인 방식으로 만들어진 마지막 거대 돌멘으로, 이후 린디를 포함한 숨바에서 대규모 돌멘 축조는 볼 수 없게 되었다.

28일 오후 4시, 장례는 드디어 매장 때가 가까워졌다. 전날처럼 장송가를 부르고 서클댄스를 추고 나서, 닭과 돼지가 제물로 바쳐졌다. 그 고기는 사자의 나라로 여행을 떠나는 부왕의 마지막 식사로서 제공된다. 한편, 지금까지 약 8일간이나 사자의 옆에서 생활하고 있던 파팡강도 이 세상에서 저승길 여행에 동참하기 위해 호화스러운 의복과 장식품을 몸에 착용했다. 부왕의 말도 호화롭게 장식되어 관습가옥 앞에 끌려왔다.

모든 준비가 끝나면 징과 북이 울리고, 남겨진 아내와 딸들이 유해에 매달려 울부짖고, 조문객의 대표자 서른 명에 의해서 부왕의 유해가 들려져 관습가옥으로부터 나와 돌멘으로 향했다. 이때 파팡강 여섯 명 중 천국의 문을 여는 닭의 시종 룽구 마누Lunggu Manu와 천으로 얼굴을 가린 티둥 투북Tidung Tubuk과 도중부터 더해진 두 명의 여자 노예는 실신해 사람들의 부축을 받으며 부왕의 유해를 따라 갔다. 사자死者의 영혼을 말에 태우는 말의 시종 「카리티 자라」는 그 이름대로 말을 타고 장송의 열에 참가했다.

마을의 남성들은 창, 방패, 검을 들고 장송행렬에 참가했다. 남성의 파팡강을 선두로, 무덤의 주변을 돌았다. 숨바 관습으로는 왕특히 대왕의 유해는 매장되기 전에 왼쪽으로부터 8번 무덤의 주위를 돌아야 한다. 한편, 파팡강들은 무덤의 주위를 세 번 돌았을 때, 행렬에서 떨어져 무덤의 앞에 앉게 했다.

최초로 유해를 가리고 있던 직물이 걷히고 유해가 석관 안에 넣어졌다. 뚜껑이 열려 특별히 선택된 린디 사람들에 의해서 유해는 개석 아래에 있는 석관 속에 안치 되었다. 이때, 부장품으로서 금장식품 등이 유해를 가리고 있던 직물과 함께 석관 속에 넣어졌다.

유해가 석관 속에 안치되었을 때, 관습가옥의 앞에서 말 네 마리와 물소 스물네 마리를 차례차례로 목을 칼로 잘라 제물로 받쳤다. 이런 가축들은 죽은 자의 영혼과 함께 사자의 나라에 가서 부장품인 금장식품과 함께 생전처럼 부왕의 재산이 된다고 믿고 있다. 도살된 가축의 고기는 본래 친족들이 먹는 것이 아니라 조문객들이 가지고 가는 것이 관례이다.

부왕의 유해는 무덤에 매장되어도 장례 자체는 아직 끝난 것이 아니다. 동으로

사자死者의 영혼을 말에 태워 옮기는 말의 시종 카리티 자라Kaliti Jara(프라이야왕 마을, 동숨바)

카리티 자라

입관식에는 반드시 남성의 파팡강'카리티 자라,을 돌멘 위에 앉게 한다. 실신 상태로 있어 사람들이 받치고 있다. (프라이야왕 마을, 동숨바)

트두 하락

부왕의 말이 관습가옥의 앞에 끌려 왔다. 특제의 말안장과 장식품으로 꾸며져 있다. 이 말을 타고 부왕의 영혼이 사망자의 나라에 간다고 믿으므로, 영혼을 지키기 위해 말안장 위에는 우산을 받치고 있다. (프라이야왕 마을, 동숨바)

매장식

관습가옥에서 기원을 바친 뒤, 마라푸에의 제물로서 물소가 도살되었다. (프라이야왕 마을, 동숨바)

된 징과 북이 울리고 도중부터 더해진 여자 노예와 여섯 명의 파팡강은 유족과 함께 무덤까지 가, 시리 피낭을 올려 매장된 부왕을 그리워하며 사람들은 눈물을 흘렸다. 이것은 「파팡강의 목욕」이라고 하는 의례를 하는 29일 아침까지 계속된다.

29일부터 조문객이 지참한 조문품에 대한 답례를 각 그룹에 건네주는 의례가 차례차례로 행해졌다. 그룹의 지위나 왕의 씨족과의 관계의 깊이에 따라 다소 차이는 있지만, 신부를 준 집단에는 직물 외에, 한 그룹에 한 마리의 비율로 돼지가 답례로서 증여되는 한편, 신부를 받은 집단에는 가축을 조문품으로 지참했는지에 관계없이 말 한 마리와 물소 한 마리가 주어졌다.

손익 계산이라고 하는 점에서는 신부를 받은 집단보다, 신부를 준 집단 쪽이 훨씬 유리하게 할당된다. 부왕의 형의 장례 시에는1970년, 신부를 준 집단에 대한 답례로서 여자 노예가 주어졌다고 하고, 실제로 이번에도 그것을 기대한 그룹도 있었지만 이번에는 여자 노예가 증여되는 일은 없었다.

29일에, 장례의 종료를 고하는 「파팡강의 목욕」이 행해졌다. 아직 남아 있던 고인과 가까운 관계에 있는 조문객이 하나가 되어 행렬을 이루어 강으로 향했다. 여섯 명의 파팡강은 10월 20일 이래 처음 마을을 떠나 두 명의 여자 노예와 함께 강에서 몸을 씻었다.

이것은 파팡강에 있어서, 지금까지의 다양한 금기로부터의 해방을 나타내는 의례이다. 린디 전체에 있어서도 「탈상」을 의미하여 파팡강과 함께 강으로 향하는 행렬의 참가자에게는 왠지 모르게 축제적인 분위기가 느껴졌다. 이 일행에는 관습적으로 특권이 인정되어 도중에 만난 가축은 모두 잡아서 먹어도 상관없다고 한다.

일행이 마을에 돌아와서, 관습가옥에서는 지금까지 장례기간 중의 부정不淨을 정화하기 위해 신관에 의해서 기도가 올려졌고, 이어서 닭과 돼지가 제물로 바쳐졌다. 이로써 린디 부왕의 장례는 끝났다.

1998년의 부왕의 죽음으로부터 마지막 의례까지, 간단하게 장례의 흐름을 서술했

부왕의 죽음을 추도하는 왕족의 가족	장례의 종료를 고하는 의례
부왕의 유해는 돌멘 아래에 있는 석관의 내부에 매장된다. (프라이야왕 마을, 동숨바)	「파팡강의 목욕」을 위한 마을 아래를 흐르는 강으로 향하는 일행. (프라이야왕 마을, 동숨바)

다. 죽은 자의 의례라고 하는 것은, 최종적으로 사자를 「마라푸의 나라」에 여행을 떠나기까지의 다양한 과정으로 이루어진 의례과정이다. 조문객을 위한 접대용으로 도살된 가축을 제외하고, 많은 말과 물소가 죽은 자를 위해서 도살되고, 또 금제 장식품과 직물 등 많은 재물이 부장품으로서 매장되었다. 이러한 방대한 재물의 「낭비」는 그야말로 죽은 린디 부왕의 사회적 지위에 어울리는 것이라고 사람들은 말했다.

부왕의 사후, 남겨진 아들 중 차남파토라훈가로두 군의 군수로 승진을 위해서 국가가 인정하는 기독교로 개종했다이 기독교에 입신하면서 그를 따라서 린디 왕국의 많은 마을사람이 기독교도가 되었다. 이 결과, 지금까지의 전통적인 관계가 모두 사라지는 것은 아니더라도, 왕족의 권위를 떠받치는 이데올로기이기도 한 마라푸신앙이 약해지면서, 부왕이 전에 가지고 있던 권위를 그의 아들들이 가질 일은 없어질 것이다. 부왕이 죽은 자의 나라로 떠날 때 재산뿐만이 아니라 이와 같이 대규모로 장례의식을 가능하게 한 린디의 관습과 신앙도 가져갔다고 말할 수 있다.

숨바섬 최대의 축제 파소라

숨바섬의 가장 화려한 의례는 수백 명의 기수가 나무로 된 창으로 싸우는 파소라 Pasola이다. 그것은 과거의 부족 사이의 전쟁을 재현한 것으로, 전에는 석전도 있었다고 한다. 이 석전은 숨바섬 동쪽에 있는 사부섬에서는 현재도 행해지고 있다. 인도네시아 정부는 현재 날카로운 창의 사용을 규제하고 있지만, 파소라 의례에는 자주 중상자나 사망자가 발생한다. 2008년 2월, 카우라에서 한 명의 전사가 창에 맞아 사망했다. 파소라는 주로 서숨바의 람보야Lamboya와 코디Kodi에서는 태양력의 2월 보름날, 가우라Gaura와 와누카카Wanukaka에서는 3월 보름날에 개최되는 숨바최대의 축제이다.

기마전인 파소라를 개최하는 시기는 우기부터 건기로 이행하는 계절의 경계기로, 정확히 벼를 심은 지 얼마 안 되는 그 해의 농경 주기가 시작되는 시기에 해당한다. 또 해안에서는 「냐리Nayle」갯지렁이과라고 하는 바다벌레가 번식하는 시기이기도 하다. 사람들은 이 냐리 벌레의 발생을 벼농사 개시의 기준으로 하여, 파소라 행사 전의 이른 아침에 신관들에 의한 냐리 벌레를 맞이하는 의례가 진행된다. 이러한 냐리 벌레 마중의 의례나 파소라는 벼의 풍년을 바라면서 행해지는 일련의 축하행사이다.

그리고 해안 가까이의 평원에서 저녁까지 반복해서 열리는 기마전 파소라가 그

창을 가지고 적진을 향해 돌진하는 전사

파소라는 숨바족이 마라푸신에게 벼농사의 시작을 알리는 경기이기도 하고, 지상에서의 인간의 움직임을 신이 보도록 환기시켜 벼의 성장과 풍성한 수확을 마라푸신에게 기원하는 행사이다.(와누카카 마을, 서숨바)

날 행사의 하이라이트이다. 전사는 화려한 민족의상을 몸에 걸치며, 마을마다 수백 명씩의 전사가 쌍방으로 나뉘어 장식된 말을 타고 적에게 창을 서로 던지는 장렬한 실전이다.

숨바섬의 오래된 마을은 높은 언덕 위에 있다. 그런데 동숨바와 서숨바는 언어와 관습, 하물며 사람들의 성격까지도 다르다. 특히 서숨바에서는 언어와 관습이 다른 몇 개의 하위 그룹으로 나뉜다. 예를 들면 남해안의 비옥한 토지의 람보야 사람들은 다른 씨족하고 옥신각신하기보다 근친혼을 바랬고, 극단적으로 외국인을 싫어하는 사람들이다. 코디 사람들은 표면적인 온화함의 이면에 예측할 수 없는 폭력성을 가지고 있다. 와누카카에는 수전경작이 가능한 비옥한 토지가 많아 대부분의 주민은 풍요롭게 살고 있다. 그래서 다른 사람들, 특히 람보야 사람들에게 나태한 사람들로 여겨지고 있다. 한편, 똑같이 비옥한 토지가 많은 와이제와는 근면한 사람들이 많고 인구도 많다. 아나카랑은 잔인한 가축도둑과 산적의 소굴로 알려져 있고 인구도 적다. 이와 같이 숨바는 다양한 지역성을 보인다.

숨바를 관철하는 문화적인 특색은 아닷전통, 관습, 신조, 자기 동일성을 포함한 말에 의해서 그들의 관습영역행정구분에 의하지 않는 거주지역이 두 개로 나뉘어 있다. 즉, 영역이 이원론적으로 윗마을과 아랫마을Atas와 Bawah는 인도네시아어로 각각 위, 아래의 뜻로 씨족의 영지가 구분된다. 해안지역에서는 상하의 씨족 구분은 바다 쪽의 마을과 산 쪽의 마을이라고 하는 현실의 지형과 관련이 있으며, 그 토지의 시조 전설과 깊은 관계를 가지는 외가와 친가Ina와 Ama 씨족에게 직선적으로 연결된다. 이 이원론은, 시간적·공간적으로 숨바인의 정신세계를 가로지르고 있다.

특히 서숨바는 네덜란드 식민지 정부의 영향을 강하게 받은 동숨바보다 전통문화관습법가 현저하게 남아 있다. 서숨바 사람들은, 오랫동안 네덜란드 식민지 정부에 격렬하게 저항해 그들의 전통문화를 유지할 수 있었다. 많은 마을이 변함없는 생활을 영위하며 1980년대까지 인구의 60%가 마라푸라고 불리는 조상숭배를 하고 있었다. 2005년에 인구의 70%가 기독교가톨릭 30%, 개신교 40%로 개종하고 있지만 그들의 일상생활이나 전통문화는 그다지 변하지 않았다.

「마라푸」라는 말은 여러 가지의 의미가 있는데, 우리말로는 조상신이라고 번역하는 것이 가장 적합하고, 그리고 실제로 우리가 눈으로 보이지 않은 영혼의 세계를 포함하는 의미가 포함되어 있다. 이 영혼의 세계와 일상세계의 중개자가 라토이다. 라토의 지시는 1년 동안의 생활 전반에 걸쳐서 행해지고, 라토 한 사람 한 사람이 각 지역의 씨족을 대표한다. 라토는 연중에 행해지는 특정한 의례에서 맡는 역할이 각각 정해져 있다.

하루하루의 생활은 이 의례의 주기와 연관된다. 특히, 쌀의 수확시기대체로 6월~9월와 경작을 시작하기 전의 「정적의 계절」이 의례의 시즌이다. 각 달의 명칭 및 의례의 사이클은 지역마다 다소 다르지만, 람보야지역의 사례를 소개한다.

제1월〔밧두〕 어려운 달. 정적의 시작, 대략 서력 10월에 해당한다.

제2월〔밧두 파티아레〕

제3월〔캇하〕 라토가 쌀을 먹는 것을 금지한다.

제4월〔만가타〕

제5월〔냐리 람보야〕 람보야 지역의 해안에 냐리 벌레가 모이는 달

제6월〔냐리 가우라〕 가우라 마을의 해안에 냐리 벌레가 모이는 달

제7월〔냐리 그라〕 아직 쌀은 여물지 않았다냐리 벌레는 쌀을 상징한다.

제8월〔냐리 기히〕 쌀 이삭이 부푼다.

제9월〔냐리 트〕 쌀이 익는다.

제10월〔냐리 멉〕 벼이삭이 머리를 숙인다. 냐리 벌레는 죽는다.

제11월〔하레 불〕 햅쌀의 풍부한 수확의 달

제12월〔파티 마비〕 소금을 만드는 달. 가장 더운 달

와누카카 지역에 본거지를 두는 웨이 가리씨족 라토들의 냐리 벌레 마중의례는 동숨바에서도 가장 큰 의례의 하나이다. 의례가 행해지는 「냐리월」의 보름날부터 8일간, 냐리학명 leodice viridus, 오세아니아 지역에서 파로로라고 총칭되는 갯지렁이의 종류라고 하는 바다 벌레가 이른 아침의 바다 표면에 모여든다.

숨바에 있어서 냐리 벌레는 쌀의 상징이다. 해안가에 냐리 벌레가 모이는 것은 알을 낳기 위한 것으로, 그들이 군집하는 것은 단지 삶의 사이클의 일환일 뿐인데, 숨바섬의 전설과 의례는 냐리 무리와 쌀농사의 개시와 풍작수도경작지역을 연관

냐리 벌레 마중의례를 위해 해안에 모인 와누카카의 신관들
이 의례는 1년 동안 행해지는 의례 중에서도 중요한 것으로, 라토는 전원 참가한다. 라토들은 의례별로 완수하는 역할이 정해져 있다. (와누카카 해안, 서숨바)

짓는다.

파소라와 냐리 마중의례의 시작에 관해서는 다음과 같은 전설이 남아 있다. 달의 임금님은 냐리라고 불리는 아름다운 딸을 가지고 있었다. 그녀는 사람들이 굶주리는 것을 연민하여 지구에 풍부한 식량이 계속되는 것을 보증하기 위해서 자신을 바쳤다. 냐리 공주는 풍요로운 음식을 사람들에게 주기 위해서

쌀을 상징하는 냐리 벌레
냐리 벌레는 코디에서는 2월, 와누카카에서는 3월의 보름날 무렵의 이른 아침에 바다 표면에 군집한다. 라토 신관은 냐리 벌레 무리의 상태를 보고 그 해의 쌀의 풍작을 판단한다. (와누카카 해안, 서숨바)

1년마다 찾아온다. 이 이야기에 등장하는 냐리는 쌀을 상징적으로 가리키는 것으로, 1년 벼농사의 성공을 점친다. 파소라에서 하늘로부터 떨어지는 창은 비를 상징하고, 인간의 피를 대지에 흘려서 신들을 대접하는 것이 이 의례의 본질이라고 할 수 있다.

전설은 지역별로 크게 다르지만, 그 중에서도 냐리 전설의 발상지로 보이는 곳이 코디 지역이다. 이러한 전설은 숨바와섬의 비마국까지 연결을 가지고, 나아가 롬복섬에 이르기까지 다양한 냐리 전설이 있다. 코디의 전설로는 숨바가 기아 때 비마의 영주의 영토에 숨바의 백성을 위해서 식량을 찾는 영웅이 있었다고 한다. 그는 무수한 주술시합에서 우승한 후 귀국했다. 그의 전리품은 「천국의 제7층」에서 가지고 온 쌀과 냐리였다. 그는 그것을 코디의 사람들에게 나누어 주었다고 한다.

와누카카의 전설도 쌀과 냐리가 밀접하게 연관되어 있다. 영웅들의 모험은 동숨바의 카레라에서 쌀의 씨앗을 얻기 위해서 여행을 떠나는 것으로부터 시작하고 있다. 그들은 아내한테도 알리지 않고 여행을 떠났다. 왜냐하면, 아내들은 항해 여행의 위험성 때문에, 남편들을 만류할 우려가 있기 때문이다. 몇 년, 몇 개월이 지나 그들의 아내 중 한 명이 미망인이라고 여겨져, 코디 지역의 남성으로부터 구혼받고 있다는 사실을 알고 그들은 돌아왔다. 긴 대화 뒤, 코디의 사람들은 웨이 우이씨족의 시조신 중 하나인 우브 두라에게 혼수브리스를 지불할 것을 약속했다. 그 일부가 쌀과 냐리였다. 그것은 와누카카의 사람들이 본 적도 없는 것이었다.

냐리는 그 자체가 숨바인들이 식용하는 것으로, 잡히는 기간은 한정되어 있다. 냐리의 무리가 모일 조짐이 나타나는 시기는, 사람들이 모아둔 식량이 떨어져 가는 시기와 겹친다. 냐리 무리를 기다리는 사람들의 심정은 햅쌀을 기다리는 마음과 같다. 그리고 모여든 냐리의 상태를 보고 라토는 쌀의 풍작을 예고한다. 람보야의 전설에서는, 보타 냐리라고 불리는 부인이 악어의 등에 타고 서쪽 람보야 바다로부터 쌀과 냐리를 옮겨 왔다고 한다.

냐리 벌레 마중의례
라토는 동이 틀 무렵 냐리 벌레 무리의 최초 조짐을 찾으러 바다에 들어간다. (와누카카 해안, 서숨바)

태양력 2~3월에 대응하는 냐리의 달은 이 의례를 행하는 지역에 의해서 조금씩 다르다. 코디와 람보야에서는 2월 하순에 가깝고, 가우라와 와누카카에서는 보통 3월 중순이다. 냐리가 2월과 3월 보름날 전후의 며칠간 군집하는 것은 체내 시계에 의한 것이라고 추정된다. 게다가, 냐리의 군집상태는 매년 다르지만, 그것은 장기적인 기후조건이나 다른 환경요인 때문일 것이다. 이러한 냐리 무리의 군집형태의 차이는 각각 쌀의 수확에 관한 정보를 라토에게 알려준다. 예를 들어, 냐리의 무리가 둘로 나뉘어 있으면, 수확시기에 큰 비가 내려 작물을 괴멸시켜 버릴 것이라는 징조로 믿고 있다.

냐리 벌레 마중의례가 중요하다는 것은 라토가 모두 동원된다고 하는 사실로부터도 알 수 있다. 보통의 의례는 한 명의 라토가 제의를 주관하고, 규모가 큰 의례라도 친인척外家와 친가 쌍방의 씨족 라토 두 명이 동원되는 것만으로 충분하지만, 일 년에 중요한 두 의례인 「냐리제」와 「포두제」에는, 모든 라토에 알려지고 동원된다. 이 두 제의祭儀의 시기는 일 년의 구두점이며, 건기라고 하는 혹독한 계절이 끝난 것과 파종 시기의 생명의 재생을 알리는 때이다.

와누카카의 우브 베위씨족 라토들은 3월의 초생달이 시작된 이후부터 제당으로 사용하는 관습가옥에서 지냈다. 그리고 냐리 마중의 전야, 이윽고 보름달이 오르면 라토들은 머리에 장식을 붙이고 전통의상을 입는다. 그들은 선조를 모시는 거석광장에 모여 조상신에 기원한다. 라토의 한 명이 시작한 영창이 은빛으로 빛나는 골짜기에 격렬하게 울려퍼진다. 숨바에서는 결혼식과 장례식, 의례 등을 행할 때 우선 닭이나 돼지, 물소를 죽여 그 내장의 상태로부터 의례를 행해도 좋은지 어떤지를 점친다. 냐리벌레 마중의 의례에 때는 닭을 죽여서 그 내장과 간으로 운세를 점친다. "내려오시라. 전통법의 감시인 되는 조상, 조상이여······"라고 하는 주문을 라토 신관이 외우며 신을 부르고 쌀과 바나나를 바친다. 기원이 끝나고 라토들은 달빛을 의지하여 절벽의 위험한 길을 신중하게 더듬어 언덕에서 해안을 향해 내려

의례에 쓰이는 닭

숨바에서는 결혼식이나 장례식, 의례 등을 행할 때 우선 닭이나 물소를 죽여서 그 내장이나 간의 상태를 보고 의례를 행해도 좋을지 아닐지를 점친다.(와누카카 마을, 서숨바)

온다. 도중 마을사람이 한 명, 두 명, 라토들의 행진에 참가해 소리 높여 노래를 부르며 냐리가 군집하기를 빈다.

와누카카의 해변에 도착했을 때 해안에는 벌써 사람들로 넘치고 있었다. 화려하게 장식된 말에 전통의상을 착용한 기마대가 수명에서 수십 명씩 해안가에 나타났다. 새벽 동이 트면서 세 명의 라토가 얕은 여울에 내려가서 소용돌이치는 바닷물을 가만히 응시하고 있다. 바닷물 속으로부터 맨손으로 냐리를 건져 올려 해변으로 가져온다. 라토들은 잡힌 냐리를 보고 금년의 풍작을 점친다.

의례는 한층 더 계속되어 조상을 위해서 준비된 떡과 닭이 제물로 받쳐지고 늙

파소라를 위해서 장식한 말

숨바는 말을 애호하는 문화를 갖고, 아름다움을 나타낼 때에 '마치 레와 말의 머리 같다' 라고 하는 표현이 있을 정도이다.(와누카카 해안, 서숨바)

싸움에 임하는 기수들

기수는 적의 창이 날아와 아슬아슬한 장면이 되면 말의 갈기를 꽉 잡아 브레이크를 걸고 날아오는 창으로부터 몸을 지킨다. 파소라를 보고 있으면 눈을 가리고 싶어지는 장면이 펼쳐지지만 기수들은 무엇인가 보이지 않는 신에게 지켜지고 있는 것 같다. 파소라의 기능 중의 하나로 일상 세계를 컨트롤하는 보이지 않는 영혼의 세계와의 연결을 보강하는 것이 있다. (와누카카 해안, 서숨바)

은 라토가 주문을 노래한다. 라토의 주문이 끝나면, 윗마을 씨족과 아랫마을 씨족의 대표끼리 기마전의 규칙과 벌칙이 협의된다. 그 배후에서는 공동체의 대리인과 라토들이 지켜보고 호전적인 분위기를 북돋웠다.

파소라는 지역을 상하로 나뉜 두 마을에서 지명하는 명예 있는 두 기수에 의해서 싸움이 시작되고 계속해서 씨족 사이의 본격적인 싸움이 전개된다. 파소라는 그야말로 과거 씨족전쟁의 재현이다. 기수들이 적을 향해 목창을 서로 던지면, 해안은 흥분에 둘러싸인다. 기수들의 뒤에는 각각의 마을사람이 소리를 높여 성원을 보내, 전사들의 흥분을 한층 고조시킨다. 전사들은 창을 들고 적진을 향하며 적진을 모멸하는 말과 행동으로 상대를 자극한다.

씨족 사이의 싸움이 시작되면 몇 개의 집단이 연계하여 출격한다. 공격의 주 전법은 돌격해 창을 던져 상대를 말로부터 지면에 떨어뜨리는 것이다. 상대편 적수끼리의 일대일 승부도 벌어지지만 집단으로 진격하여 벌어지는 전투가 일반적이다. 끝이 날카로운 목창이 명중할 때마다 군중은 유혈流血에의 욕망에 환호한다. 용맹하고 위세가 좋은 용사가 이기면 여자들은 몸을 비틀어 가며 괴성을 지른다. 전투의 분위기가 살지 않으면 나이든 전사들이 젊은 기수를 질책한다. 기수와 말은 그들의 땀과 힘이 서로 하나가 되어 싸움은 저녁까지 계속된다.

처음에는 창을 훌륭하게 명중시키는 이상으로 상대를 상처 입히는 일은 생각도 하지 않지만 때로는 유혈사태가 발생한다. 게다가 파소라에는 모순이 존재한다. 즉, 파소라에서 유혈사태가 일어나면 숨바인은 이것을 1년의 풍작의 상징으로 간주한다. 한편, 중상자나 사망자가 나오거나 하면 이것은 조상의 분노의 결과이며, 피해자는 뭔가 금기를 범하고 있던 것임에 틀림없다고 생각한다.

람보야, 특히 와누카카에서 이 전투는 격렬하게 행해진다. 마을 장로신관나 경찰이 창끝을 날카롭게 하지 않도록 하는 등 여러 가지 수단을 동원하고 있음에도 불구하고 2년에 한 번은 사망자가 발생한다. 중상자나 사상자가 발생하면 싸움은 격렬해지고, 젊은 기수들은 창날을 더욱 날카롭게 해서 피를 부르는 복수극이 시작된다. 그러나 숨바인은 앞부분을 고무로 만든 창을 사용하라는 정부의 권고에는 귀를 기울이려고도 하지 않는다. 그들은 아무도 강제적으로 권유해서 하는 일이 아니라 자발적으로 위험을 알고서도 참가하는 것이라고 주장한다. 그들은 모두 스스로의 영혼의 고무에 답하여, 또 공동체의 안녕을 원해 참가하고 있는 것이다.

"조금의 유혈이라면 괜찮다"라고 하지만, 그 후에 계속되는 복수극에는 유혈사태가 동반된다. 파소라는 개인과 집단의 힘과 무용을 겨루는 장소이다. 만약 사고사나 중대한 규칙위반예를 들면 말에서 내려 있는 사람을 창으로 찌르고, 던지는 행위을 범했다면 벌금을 지불하고, 또 죄를 갚는 보상의례를 해야 한다. 따라서 파소라 후 수일간 규칙을 깼었던 것에 대한, 그리고 전투 중의 부당한 행위에 대한 벌금을 지불하는 보상의례가 계속되기도 한다.

신관들은 파소라의 기능은 "냐리가 온 것을 축하 한다", 혹은 "냐리에의 대접"에 있다고 한다. 또 "파소라는 비雨 같은 것이다"라고도 한다. 냐리가 상징하는 씨앗種子에의 영양분인 것이다. 「파소라」라는 숨바 말은 "창의 비"라고 번역된다.

상하의 씨족을 통한 기마전에는 각성覺醒의 요소가 있다. 의례가 행해지는 시기

적에게 창을 맞히고 기뻐하는 기수
벼의 성장과 풍요를 마라푸신에 맡기는 것을 목적으로 한 파소라에는 먹을 것이 떨어져 가는 곤궁한 계절의 정적을 깨는 각성작용도 있다. (와누카카 마을, 서숨바)

는 식량도 떨어지는 때로 시기적으로 어려운 계절이기도 하다. 그 정적을 깨기 위한 자극이 필요하기 때문에 파소라가 개최된다. 각자는 자기표현의 장소를, 기상을 보이는 장소를 부여 받는다. 기수에게 어떤 재난이 닥쳐도 이것은 그가 당연히 받아야 할 것으로, 그가 조상들의 마음을 어떻게 이해하고 있는가에 관한 것이다. 말을 달리면서 창을 서로 던지는 정면공격에도 불구하고 그들이 격렬하게 싸움에 임하는 것을 보면 무언가에게 조종당하고 있는 것처럼 보인다. 마라푸의 영혼의 세계로부터 이어진 운명의 실이 그들을 조종하고 있는 것이다.

파소라가 끝나고, 반대 측 진영과 교역 및 방문에 관한 금기가 해제된다. 람보야에서는 각자 영지에서 생산한 산물을 상하 씨족의 사이에 의례적으로 교환한다. 윗마을 씨족산은 내륙에서 만들어진 쌀떡쿠트파트을 보내고, 아랫마을 씨족바다은 해산물을 보낸다. 그리고 하나의 지역공동체로 다시 되돌아 온다. 파소라 후에는 어느 쪽이 이기고 겼다는 승패 여부보다 개개의 자랑거리나 영웅담이 남을 뿐이다.

숨바섬의 돌멘

1. 거석유구의 분포

숨바섬에 있어서의 거석유구의 분포는 거의 전 섬의 전통마을에 유존하고 있다. 그리고 숨바섬의 마을에 유존하는 돌멘은 신·구의 것이 혼재하고 있다. 특히 1980년대 이후 시멘트제의 돌멘이 급격하게 늘어나서, 셀 수 없을 만큼의 돌멘군이 도처에 만들어져 있다. 원주민의 종교가 기독교로 바뀌고 마을도 근대화가 되고 있지만 장례식은 종래대로에 행해지고, 지금도 일부의 마을에서는 돌멘이 조영되고 있다.

숨바섬에 돌멘의 수가 어느 정도 있을 것인가라는 정확한 분포도分布圖도 없고 아직도 정식 발굴조사도 행하여지지 않았기 때문에, 오래된 돌멘의 연대도 전혀 알 수 없다. 우선 신·구의 돌멘을 눈으로 쉽게 구별할 수 있는 것은, 석재로 조영되었는가부정형과 정형, 아니면 시멘트로 조영되었는가이다. 다시 말해, 석재로 가공된 것과 시멘트제가 새 것이다. 단, 가공되지 않은 석재로 만들어진 것이라고 해도 모두가 오래된 것은 아니다. 특히 숨바섬의 돌멘이 선사시대의 지석묘와 어떤 관계가 있는지, 고고학적인 조사가 행해지지 않고 있는 현재 상태에서는 단정적으로 말할 수가 없다. 각각의 돌멘의 연대는 대부분 불분명하지만, 비교적으로 연대가 새것일 경우, 특히 19세기 이후에는 장식이 많고 정성스럽게 만들어져 있다. 또, 숨바섬에서 가장 오래된 마을이라는 곳은 대부분은 높은 언덕 위나 산 정상에 위치하고 있으므로, 높은 지대에는 상당히 오래 되었다고 생각되는 돌멘도 있다. 따라서 숨바섬의 돌멘은 장식된 것보다는 가공이 안 된 부정형의 것이, 저지보다 고지의 것이, 남쪽보다 북쪽의 것이 일단 오래되었다고 말할 수 있다.

숨바섬의 돌멘은 전역에 분포되어 있고 그 수가 몇 만이라고도 하지만 아직 어디에 어떠한 것이 있을 것인가라고 하는 지표조사마저 행해지지 않았다. 돌멘이나 거석기념물의 전부를 소개하는 것은 지면의 제약이 있어 몇 곳의 대표적인 것만을 소개한다.

서숨바

(1) 와이카부박 시 주변

와이카부박Waikabubak은 서숨바의 교통과 경제의 중심적인 도시이다. 와이카부박 시에는 호텔, 상점, 시장이 있고 근대화가 이루어지고 있다. 또, 최근 롬복섬과 숨바와섬에서의 이슬람교 이주자가 늘어나, 모스크도 여기저기서 보이게 되었다. 와이카부박의 주변은 초원으로 덮여 있으며, 수전이 펼쳐져 있다. 게다가 표고 600m에 위치하므로 비교적 시원한 편이다. 와이카부박 시의 풍경은 다른 인도네시아의 소도시와 그다지 변함이 없지만 간선도로부터 떨어진 언덕 위에는 뾰족한 초가지붕을 가진 전통가옥과 물소 뿔이 조각된 오래된 돌멘군의 묘지가 있다. 이러한 전통마을은 와이카부박 시 서쪽의 보도에데bodoede 마을, 플라이 카렘붕Purai Kalembung 마을, 타룽Tarung 마을이 있고, 와이카부박으로부터 동쪽으로 4km 떨어진 곳에 푸라이징Praijing 마을과 본도마라토Bondomarato 마을, 자강가루Jagangaru 마을, 타로나Tarona 마을, 가테카와이나Letekawaina 마을, 파이리징Pairijing 마을, 파라이카테키Paraikateki 마을이 있다. 이 마을들은 모두 언덕 위에 위치하고, 서숨바에서도 비교적 오래된 마을이라고 전해지며, 마을의 광장에는 예외 없이 돌멘군이 위치하고 있다.

타룽Tarung 마을은 와이카부박의 중심지로부터 바로 서쪽의 언덕 위에 위치한다. 서숨바 마라푸신앙의 중심적인 마을이라고 전해지고 있고, 거석 및 전통문화를 그대로 유지하고 있다. 타룽 마을에서는 특히 7월부터 11월의 기간에 많은 의례가 행해지고 있다. 고위의 신관들이 매년 우기가 시작될 때 조상신에게 신년제고통스러운 달이라는 의미를 올린다. 신년제는 11월 보름부터 시작되고, 다섯 개의 의례가 약 1개월에 걸쳐 행해진다. 의례가 최고조에 이르면 사람들은 의례용 복장으로 갈아입고, 신관들은 마을에서 떨어진 성스러운 무덤지석묘으로부터 말에 선조의 영령시조신을 태워서 맞이한다. 선조의 영령이 마을에 들어오면 성대한 노래와 춤이 행해지고, 물소와 말이 제물로 받쳐진다. 가축의 제물은 선조신에 대하여 1년간 마을의 안녕을 보장하게 하기 위해서이다. 포두라고 하는 신년제 동안은 여러 가지 금기가 엄숙하게 지켜져, 그 기간에는 사람이 죽어도 우는 것조차 금지되어 있다.

타룽 마을은 관습가옥군과 거석광장이 하나의 세트가 되어 세 곳으로 나뉘어 있다. 타룽 마을의 광장에는 상자식 돌멘석관과 개석, 석관 밖에 네 개의 기둥을 세워 그 위에 상석을 놓은 돌멘, 네 개의 기둥에 상석만을 놓은 돌멘, 네 장의 판돌 위에 개석을 올린 4개 형태의 돌멘이 있다. 세 곳의 거석광장에는 각각 마라푸신당이 있다. 일반가옥은 규모가 크고, 키가 높은 지붕이지만, 마라푸신당은 작은 구조로, 의식 때 사용되는 선조대대의 가보가 보관되어 있다. 신당의 지붕 양끝에 우리나라의 솟대와 비슷한 목제 새鳥 조각이 세워져 있는데, 이것들은 죽은 사람의 영혼을 나르는 새이고, 이 세상과 조상들이 사는 세계를 연결해 준다고 믿고 있다.

타롱 마을의 거석광장에 있는 마라푸신당(와이카부박, 서숨바)

현재 마을에는 70세대 약 800명이 살고 있지만, 최근 와이카부박 시로 이주하는 사람들이 증가하고 있다. 타룽 마을의 원향原鄕은 와이카부박으로부터 북쪽으로 10km 떨어진 탐베라Tambera 마을로, 이 마을은 와이카부박 주변에서 가장 오래된 마을이라고 한다.

와이카부박 시의 타룽 마을과 인접하고 있는 마을이 플라이 카렌붕Purai Kalembung 마을이다. 언덕 위에 거석광장을 전통가옥이 둘러쌓은 것처럼 나열되어 있다. 거석광장에는 개석식 돌멘, 원주圓柱에 개석을 올린 형태의 돌멘, 상자식 돌멘 등이 혼재하고 있지만, 한 기의 개석식 돌멘 표면에는 성혈이 있다. 숨바섬의 성혈은 주로 돌멘 개석의 표면에서 자주 볼 수 있다. 성혈의 크기는 대개 지름 3.5~9cm, 깊이 0.5~6cm로, 인도네시아어로 「바투 다콘Batu Dakon」이라고 불리고 있다. 이것은 돌

플라이 카렌붕 마을의 돌멘(와이카부박, 서숨바)

성혈(플라이 카렌붕 마을, 서숨바)

을 둥글게 회전 연마해서 제작된 구멍으로, 한국의 「성혈」과 완전히 같은 것이다. 유럽의 연구자들 사이에서는 성혈을 태양신앙, 장례의식, 불씨 제작, 사망자의 친족체계의 표현, 별자리 등으로 해석하기도 하지만, 인도네시아의 성혈은 다산, 풍작, 기자祈子를 기원하는 원시종교와 관련되는 여성의 상징에 유래한다고 하는 견해가 일반적이다. 성혈 속에 곡물의 씨앗이나 날달걀을 넣고, 풍요를 기원하는 사례는 인도네시아의 사부섬, 술라웨시섬, 발리섬에서 필자가 확인하였다.

(2) 아나카랑 주변
와이카부박의 동쪽에 아나카랑Anakalang 군이 위치하고, 파승가Pasunga 마을, 카본독Kabonduk 마을, 마카타케리Makatakeri 마을, 라이 타룽Lai Tarung 마을, 갈리바쿨Galibakul 마을에 거석유구가 있다.

서숨바 중심지인 와이카부박으로부터 와잉가푸를 향해서 약 22km 떨어진 지점의 간선도로에 파승가 마을이 있다. 마을은 평지에 위치하고 있으므로, 중핵마을

파승가 마을의 최대 돌멘
1926년에 조영되었으며, 150마리의 물소가 희생되었다고 한다.(파승가 마을, 서숨바)

도 아니고, 역사적으로도 그렇게 오래된 마을이 아니다. 마을은 광장을 끼고, 2열
의 뾰족한 지붕을 특징으로 하는 고상가옥이 늘어서 있고, 그 광장의 주위에 대형
돌멘군이 줄지어 서 있다. 그리고 마을 입구의 왼쪽 광장에도 돌멘군이 있다. 그
중에서 가장 큰 것은 1926년에 만들어진 것으로, 당시 150마리의 물소가 희생되
었다고 한다. 큰 석재를 장방형으로 파내서 매장부를 만들어 개석을 씌우고, 그 바
깥에 세 개씩의 원주를 일렬로 늘어놓은 뒤 원주 위에 대형의 개석을 올려놓았다.
아래의 것이 매장부로, 한 명의 남성과 네 명의 아내들이 안치되었다고 한다. 돌멘
동쪽의 앞에는 여러 가지 조각을 한 사자의 기념물이 세워져 있다. 정면 상부의 반
에 남녀 두 사람의 인물이 실물 크기에 가까운 형태로 조각되어 있다. 이것은 죽은

개석 표면에 사지를 크게 편 인물 부조
(파승가 마을, 서숨바)

개석 표면의 인물 부조
돌멘 표면의 인물 부조는 인신공희의 풍습을 상
징적으로 나타내었을 가능성이 높다.(파승가 마을,
서숨바)

사람과 그 부인을 나타낸 것이다. 아랫부분에는 청동제 악기 꽹과리鉦와 말의 부조
가 있다.

그런데 파승가 마을의 세 기의 돌멘 개석의 표면에 사지를 크게 벌리고 있는 인
물 부조가 있다. 이것들은 도대체 무엇을 나타낸 것인가, 마을사람들로부터 정확
한 대답은 없었지만, 그 부자연스러운 모습을 보면, 무덤 주인을 표현했다고는 생
각되지 않는다.

같은 문양은 중부 술라웨시의 선사시대의 석관무덤에서도 보인다. 술라웨시에
서는 왕의 장례식에 노예를 산 제물로 받쳤다고 한다. 세 기의 인물상은 노예를 산
제물로 받친 인신공희 의식을 상징적으로 나타냈을 가능성이 높다. 그러나 파승가
마을의 모든 돌멘군은 역사적으로 그리 오래된 것이 아니다.

카본독 마을은 파승가 마을의 남쪽 2km 지점에 있고, 파승가 마을과 같이 평지
에 위치하며 비교적 새롭게 형성된 마을이다. 마을의 광장에는 돌멘군이 산재하고
있지만, 오래된 형태의 것은 눈에 띄지 않는다. 이 마을에서 특히 주목받는 돌멘이
두 기가 있다. 한 기는 중형의 것으로, 하부에 상자식 석관을 두고 네 곳에 원주圓柱

표면에 말을 탄 두 사람의 인물이 조각되어 있는
개석(카본독 마을, 서숨바)

윗면에 두개의 피라미드가 조각되어 있는 개석(카
본독 마을, 서숨바)

돌멘과 관습가옥(라이타룽 마을, 서숨바)

를 세우고, 그 위에 상석을 올린 형태이다. 개석의 표면에는, 말을 탄 두 사람의 인물이 조각되어 있는데, 이것은 무덤 주인을 나타낸 것이 아니고, 사자의 영혼을 따라서 저 세상에 가서 심부름하는 노예를 표현한 것이다. 또 하나의 돌멘은 카본독 마을의 최대의 대형 돌멘으로, 개석의 윗면에 두 개의 피라미드가 일렬로 조각되어 있다. 피라미드형의 조형은 숨바섬에서는 볼 수 없는 것으로, 같은 모양의 분묘는 숨바와섬의 비마에 있다. 카본독과 비마는 역사적으로 어떠한 관계를 있었는지는 불분명하지만, 이 마을의 돌멘은 숨바와섬의 영향으로 만들어진 가능성도 배제할 수 없다.

숨바 최대의 돌멘

숨바의 돌멘은 매장시설을 하부에 두는 것이 일반적이지만, 이 돌멘은 대형 뚜껑돌의 상부에 전통가옥을 조각하고 가옥 안에 사자를 안치하는 구조로 되어 있다. (갈리바쿨 마을, 서숨바)

라이 타룽 마을은 아나카랑 군의 중핵마을로, 카본독 마을 뒤의 산 정상에 위치하고 있다. 현재 인도네시아 정부의 국가 지정 사적史蹟이며, 주변의 아나카랑 군 안에서는 가장 오래된 마을이다. 라이 타룽 마을이 위치하고 있는 산은 해발 수백 m에 지나지 않지만, 마을의 주변 일대가 평야지로 되어 있기 때문에, 사방을 바라볼 수 있는 전망이 좋은 곳이다. 마을은 산 중턱으로부터 산 정상에 걸쳐서 형성되어, 민가와 함께 돌멘군이 군집되어 산재하고 있다. 저지의 마을에서 돌멘은 광장에 밀집하고 있지만, 라이 타룽 마을의 경우 산 능선에 따라 점재하고 있다. 라이 타룽 마을의 돌멘군은 대형으로, 거대한 개석을 네 개의 원주가 떠받치고 있는 것이 특징이라고 할 수 있다. 두 기의 돌멘 앞에는 펜지라고 하는 석판조각이 세워져 있다. 마을 가장 안쪽의 산 정상에 거석광장이 있고, 대형의 돌멘 한 기와 관습가옥이 있다. 화려하게 장식된 관습가옥은 몇 년 전의 화재로 인해 돌로 만들어진 기둥만 남았던 것이 2007년에 재건되었다. 현재 주민의 대부분은 생활이 편리한 평지로 이주했다.

　　갈리바쿨Galibakul 마을은 카본독 마을에서 2km 남쪽에 위치하는 마을로, 이전에는 푸라이 바쿨Prai Bakul이라고 불렸었다. 숨바섬의 최대의 돌멘은 갈리바쿨 마을에 있다. 개석의 길이 5m, 폭 4m, 두께 1m로, 그 무게만도 70톤이다. 개석을 채석장에서 현재의 지역까지 운반하는 데는 1일 2,000명이 동원되었고, 3개월이나 걸렸다고 한다. 숨바섬의 돌멘은 매장시설을 하부에 두는 것이 일반적이지만, 이 돌멘은 개석의 상부에 전통가옥을 조각하고 가옥 안에 매장부를 만든 구조여서 마치 사자가 생전에 살았던 집처럼 되어 있다. 이 돌멘에는 아나카랑 지방을 지배하고 있었던 최후의 왕「움부 사오라Umbu Sawola」와 그의 아내들이 매장되었고, 1971년에 만들어진 것이다.

(3) 코디 주변

숨바섬의 동부에 위치하는 코디 군은 비교적 오래된 전통문화를 지금까지 유지하고 있다. 랑가 바키Rangga Baki 마을, 라텐가로Ratengaro 마을, 와잉야푸Waingyapu 마을, 파론바로로Paronabaroro 마을, 토시Tosi 마을이 해안가에 위치하는 비교적 오래된 마을들로, 전통가옥과 거석광장이 옛날 그대로의 모습으로 잘 남아 있다.

라텐가로 마을은 2004년 6월, 화재로 인해 모든 민가가 불타버렸다. 마을 중앙의 거석광장에 있던 돌멘군만이 남아 있던 2008년의 현재, 절반 정도의 가옥이 신축되어 있다. 원래 마을은 바로 남쪽의 라텐가로 해안 가까이에 있었지만, 예전에 높은 파도를 피해서 현재의 지역으로 옮겨졌다고 한다.

해안 가까이에는 오래된 형태부정형의 개석식 돌멘군이 산재하고 있다. 라텐가로

화재 이전의 라텐가로 마을(1991년 필자 촬영, 서숨바)

가까이의 돌멘군에는 대형 돌멘 한 기가 있고, 매장부에 해당하는 하부구조는 한 개의 바위를 정성스럽게 가공하여 안을 직사각형으로 파내 매장시설을 만들고, 그 위에 큰 개석을 올린 형태이다. 석관부의 측면에는 청동제 악기 징과 마물리Mamuli 라고 하는 귀걸이의 부조가 있다. 이들 돌멘군은 숨바섬 돌멘 중에서 가장 해안에 인접하고 있다.

라텐가로 해안을 흐르는 강을 건너면 와잉야푸Waingyapu 마을이 있다. 해안 가까운 곳에 돌멘용의 석재를 채석하는 채석장이 있다. 이 마을은 와이카부박으로부터 멀리 떨어져 있어 교통이 불편한 곳으로, 현재도 돌멘이 축조되고 있다. 와잉야푸 마을에는 열둘 의 「수쿠Suku, 친족집단」가 있고, 각각의 수쿠마다 거석광장Natara을 가지고 있다. 이 거석광장은 일상생활에 있어서 가축을 죽여 친족집단 또는 개별

돌멘용 석재 채석장(와잉야푸 마을, 서숨바)

거석광장(와잉야푸 마을, 서숨바)

개석을 덮기 전의 석관(와잉야푸 마을, 서숨바)

들돌

토시 마을에는 성인식과 관련하여 달걀형의 돌을 들어 올리는 관습이 있어, 한국의 거석신앙巨石信仰, 일본의 치카라이시가ヵ石 등과의 관련이 주목된다.(토시 마을, 서숨바)

적인 의례를 실시하는 곳으로 알로 우마Alo Uma라고 불린다. 마을 내에는 개석을 덮기 전의 석관이 있고, 이와 같은 형태를 한 것을 상자식 석관묘 또는 상자식 돌멘으로 분류하는 연구자도 있다. 본론에서는 편의상 상자식 돌멘으로 표기하고, 매장부인 석관 내부의 크기를 생각하면 명확하게 2차장인 것을 알 수 있다.

(4) 와누카카 주변

와누카카Wanukaka 군은 서숨바 남쪽에 위치한다. 푸라이고리Praigoli 마을, 와이가리 Waigali 마을, 푸티스Putis 마을, 와이카 울루Waika Wolu 마을, 와이모로Waimoro 마을 등 이 전통마을로 알려져 있다. 와누카카 군의 전통마을은 높은 고지에 위치하여, 거

시조신마라푸 석상
거석광장의 중앙에 성스러운 나무와 석상이 있다. 이들 석상은 1992년 도둑맞아 현재 마을에는 없다.(파론바로로 마을, 서숨바)

석광장을 중심으로 고상가옥이 둘러싼 거의 같은 구조의 촌락 형태를 가지고 있기 때문에 본론에서는 와이가리 마을만을 간략하게 소개한다.

와이가리 마을은 약 스무 채의 집이 언덕 위에 있고, 그 중앙부에 해당하는 광장에 거석유구가 있다. 마을의 기슭에는 서숨바에서 비교적 큰 강이 흐르고, 주변 일대는 논이 펼쳐져 있어, 전망이 좋은 곳이다. 마을 광장의 앞면북쪽에는, 가공된 직사각형의 평석 제단석이 있다. 제단석 뒤에는 네 개의 원주圓柱 위에 상석을 올린 돌멘과, 자갈 위에 개석길이 227cm, 폭 145cm, 두께 30cm을 올린 개석식 돌멘 등이 동남쪽으로 나열되어 있다. 또 그 후방에 네 기의 돌멘이 있지만, 가장 주목받는 것은 한복판에 있는 네 개의 지주 돌에 개석을 올린 것이다. 돌멘총 높이 167m, 개석의 길이 267cm, 폭 144cm, 두께 37cm로, 그 돌멘 앞에는 마을사람들이 신성시하는 성스러운 나무우주목가 있고, 야자나무 잎으로 만든 금줄이 쳐져 있다.

최초의 돌멘군 뒤의 광장 중앙부에는 평석과 기둥나무가 세워져 있다. 동측의 직사각형의 평석은 예배하는 곳이라는 의미로 텐팟 숨바양Tempat Sembayang이라고 불리고, 의례 때에는 제단이나 희생된 동물의 조리대로도 사용되고 있다. 제단은

석판조각과 개석식 돌멘(와이가리 마을, 서숨바)

석판조각과 돌멘

석판조각은 식물의 잎이 한 장씩 성장해가는 것처럼 조각되어 있고, 가장 위에는 남성의 인물상이 있다.(푸라이고리 마을, 서숨바)

지금도 물건을 두거나 앉는 것이 금지되고 있다. 그 서측에는 높이 150cm, 둘레 48cm의 기둥나무가 세워지고, 이것을 마을사람들은 「아둥」이라고 부르며, 그 상부에는 금줄이 쳐져 있다. 아둥이라는 것은 숨바섬 왕족의 직물에서도 자주 볼 수 있는 문양眥架文으로, 요컨대 적의 목을 걸어 두었던 기둥 나무이다. 이러한 머리사냥의 풍습은 네덜란드의 지배하에서 금지되었지만, 지금도 의례 때에는 몸을 치장한 여성들이 아둥을 둘러싸고 춤을 춘다고 한다.

광장의 가장 안측에는 네 개의 지주석에 개석을 얹은 돌멘이 다섯 기가 있다. 가장 규모가 큰 돌멘 앞에는 나무로 만든 빨랫줄 같은 것청동제의 악기를 거는 것이 있다. 이것은 의례 때에 청동제의 악기를 연주하기 위한 것으로, 숨바섬의 돌멘 부조浮彫에도 자주 볼 수 있고, 같은 악기가 현재에도 사용되고 있다.

이 돌멘군으로부터 동쪽으로 약 5m 떨어진 곳에 직사각형으로 가공된 큰 개석 두 개가 나란히 있고, 그 전면에 인물이 조각된 석판조각높이 253cm, 폭 71cm, 두께 18cm이 세워져 있다. 석판조각을 서숨바에서는 카루 와투Kalu Watu 또는 탄둑 와투Tanduk Watu 라고 불리는데, 이것은 마치 식물의 잎이 한 장씩 성장해 가는 것처럼 조각되어 있고, 가장 위에는 남성의 인물상이 있다. 인물상은 선조 또는 선조신을 나타내며, 전체적으로 죽은 선조의 재생과 관련된 것으로 생각된다. 안면의 표현이 풍화에 의해 명확하지 않지만, 하복부에는 직립한 남근의 부조가 있다. 마을사람은 이것을 라이야 카라카Raiya Karaka라고 부르고, 그 기능은 무덤을 만들기 위해 비를 그치게 하기 위해서라고 한다. 그리고 인물상에는 야자나무 잎으로 만든 금줄이 쳐져 있다. 아둥과 라이야 카라카에는 야자잎에 솜이 붙은 금줄이 쳐져 있지만, 이것은 마라푸신앙에 근거하여 1년에 1월과 8월의 의례 때에 쳐진다. 이러한 금줄은 사부섬, 플로레스섬, 발리섬에도 보이고, 금줄이 쳐진 곳은 일체의 소란이 금지되며, 금후의 비교 민속학에 있어서도 좋은 연구자료가 될 것이다.

(5) 람보야 주변

숨바섬의 동남부에 람보야Lamboya 군이 있고, 소당Sodan 마을, 모토 다우Moto Dau 마을, 발리 라마Bali Rama 마을은 산 정상에 있는 마을로, 지금도 마을에 들어가는 것은 몇 시간 걸어서 갈 수밖에 없다. 이렇게 교통적으로 불편한 곳이어서, 지금까지도 비교적 순수한 전통문화를 유지하고 있다. 이 마을들에도 여러 형태의 돌멘이 군집되어 있어 마을의 오랜 역사를 말해준다.

해안에 인접한 산 정상에 있는 모토 다우 마을로 가옥의 사이에 돌멘군이 있다.(람보야, 서숨바)

(6) 북숨바 주변

행정적으로 서숨바에 속하지만, 숨바섬 북쪽에 있는 것이 맘보로Mamboro 마을과 마누아카라다Manuakalada 마을이다. 맘보로 마을은 숨바와섬비마, 롬복섬, 플로레스섬에서 이주한 사람들이 모여 사는 어촌으로 주민의 대부분이 이슬람교도이다.

그런데 맘보로 마을의 동쪽 변두리에 숨바 원주민 집이 몇 채 있다. 마을에서 강 가까운 숲 안에 부정형의 화산암으로 축조된 가장 오래된 형태의 돌멘군이 있다. 현재, 민가와 조금 떨어진 곳에 있지만, 본래의 돌멘군은 거석광장의 안에 있었고, 바로 가까이에 광장을 둘러싸고 있는 것처럼 가옥들이 있었다고 한다. 현재 마을은 존재하지 않지만 남아 있는 돌멘군으로 보아서 과거에 전통마을이 있었던 것은 틀림없다. 이 돌멘군들은 모두 부정형의 소형 석재가 사용되었고, 외견적으

기반식 돌멘
돌멘의 석재는 부정형의 화산암이다.(맘보로 마을, 서숨바)

로는 제주도濟州道의 지석묘圍石式支石墓와 매우 흡사하다. 고고학적인 조사가 전혀 행해지지 않은 단계에서 단언할 수는 없지만, 신화나 역사를 고려하면 일단 북숨바의 부정형 소형 돌멘군이 숨바섬에서 가장 오래된 시대의 돌멘일 가능성이 높다.

맘보로 마을을 서쪽으로 약 2km 가면 언덕 위에 북숨바 최대의 마을 마누아카라다Manuakalada가 있다. 마누아카라다 마을 기슭에는 칼리Kali 강이 흐르고, 넓은 수전이 펼쳐 있다. 숨바섬의 오래된 마을은 대개 고산지에 위치하지만, 이러한 마을들은 예외 없이 마을 아래 큰 강이 흐르고 경작지로 사용할 수 있는 넓은 평야가 있는 것이 공통점인데, 그 전형적인 마을이 마누아카라다이다.

언덕의 중턱에서 산 정상에 걸쳐서 4~5채총계 27채의 고상가옥들이 각각 알로우마Alo Uma라고 하는 거석광장을 가지고 있다. 이 마을에는 입구와 산 정상에 각

개석식 돌멘과 아둥적의 수급을 걸어두는 기둥
마을 안쪽 왕의 집루마 라자에 가까이에 있다. (마누아카라다 마을, 서숨바)

북숨바의 돌멘

부정형의 석재가 사용된 키가 작은 기반식 지석묘로, 지하에 석실이 있으며 부계자손으로 이어지는 복수 매장가족용 돌멘 무덤이다.(몬두 마을, 동숨바)

각의 두 군데에 「아둥」이 있다. 많은 마을이 기독교에 개종하고 있지만, 이 마을은 외부의 종교가 일체 들어가지 않고, 토착의 마라푸만이 신앙되고 있다. 마누아카라다 마을의 거석광장에는 많은 돌멘군이 있다. 일부는 시멘트제로 만들어져 있지만, 숨바섬에서 보이는 모든 돌멘의 형태가 이 마을 안에 존재하고 있다. 또, 한국의 지석묘 개석에서 보이는 성혈이 돌멘의 표면에 여기저기 보인다. 성혈이 별자리를 나타낸 것인가 아닌가는 불분명하지만, 숨바섬 각지의 돌멘 개석에도 보이고, 종교적인 의미로 만들어진 것은 틀림없다.

동숨바

동숨바의 중심지 와잉가푸으로부터 서숨바의 중심도시 와이카부박을 잇는 간선도로는 1990년대에 정비되어 있지만, 그 밖의 동숨바 지역은 아직 포장되지 않은 도로도 많이 남아 있어 걸어서 들어갈 수밖에 없는 마을도 적지 않다. 특히 와잉가푸의 북쪽 마을들은 지금도 상당히 험한 길이 많이 남아 있다. 게다가 비가 많이 오는 우기에는 강이 생기고, 차를 이용해도 건기밖에 들어갈 수 없는 마을이 있다. 이러한 교통사정에 의해 동숨바 북부는 외부사람이 쉽게 들어갈 수 없는 지역이다.

그런데 북숨바는 숨바인의 선조가 최초에 도착했다고 하는 사사르반도 가까운 곳에 카푼독Kapundak 마을과 운가Wunga 마을이 있다. 이 두 마을은 동숨바의 중핵 마을로, 전통의례의 중심이며 모든 숨바인에게 중요한 마을이다. 정부는 거리적으로 가까운 서숨바 맘보로와 카푼독을 연결하는 도로건설을 계획하고 있지만, 아직 개통되지 않았다. 와잉가푸로부터 북쪽에 45km 정도 떨어진 해안 가까이에 중국인이 경영하는 에림 호텔 방갈로가 있고, 날씨가 좋은 날은 북쪽의 플로레스섬의 산을 볼 수 있다.

(1) 푸라이리앙 마을

해안을 지나 강을 따라 내륙부로 들어가 차를 내려서 3km 산길을 걸으면 숨바섬에서 가장 오래된 마을인 푸라이리앙Prailiang 마을이 있다. 이 마을의 존재를 최초로 외부의 세계에 소개한 것은 1989년에 와잉가푸의 에림 호텔의 주인이었다.

필자가 최초에 이 마을을 방문한 것은 1992년이었다. 당시 이 마을을 방문하는 외국인은 연간 4~5명밖에 없었을 만큼 교통이 나빴던 곳이다. 와잉가푸와 카푼독을 연결하는 도로가 정비된 것은 2000년대 이후로, 와잉가푸로부터 푸라이리앙 마을 부근까지 도로가 포장된 것은 2007년이었다. 2008년 2월 필자의 안내로 SBS 계열의 KNN 텔레비전이 이 마을에 들어가 취재하고 8월에 부산과 경남에서 방영한 것이 이 마을을 영상으로 소개한 세계 최초의 다큐멘터리이다.

그런데 북숨바 대부분의 지역은 화산암으로 덮여 있고, 게다가 비가 거의 내리지 않는 건조한 지대여서 사람이 살 수 있는 장소는 지극히 적다. 푸라이리앙 마을은 언덕 위에 위치하고, 아래쪽 골짜기 밑에 강이 흐르며, 그 강가에 논과 밭이 있다. 마을사람들은 매일 경작지, 또는 식수를 운반하러 몇 번이고 급경사길을 왕복해야만 한다. 푸라이리앙 마을 가까운 곳까지 도로가 좋아졌지만, 아직도 마을 안까지는 차에서 내려 급경사의 좁은 산길을 걸어서 올라가지 않으면 안 된다.

동숨바의 마을들은 서숨바와는 다르게 대부분의 마을이 네덜란드의 식민지통치의 영향을 많이 받아 근대화되었다. 예를 들면, 초가지붕으로부터 양철 지붕으로 변하고, 전기가 들어오지 않는 마을이 없다. 게다가 기독교로 개종한 사람들이 많아서 전통문화를 급격하게 잃어가고 있다. 그러나 푸라이리앙 마을은 교통이 불편한 곳에 위치한 관계로 지금도 외부의 영향을 거의 받지 않은 마을이다.

푸라이리앙 마을Prainatang이라고도 말한다은 열 개의 전통가옥이 있고, 숨바섬의 가장 오래된 마을이라고 전해진다. 마을의 주변은 크고 작은 돌멘군이 산재해 있어, 마을 역사의 오래됨을 보여준다. 돌멘의 형식은 한국에 있는 지석묘의 모든 형태를 이 마을 안에서 볼 수 있을 정도로 한국과 비슷하다. 한국의 지석묘를 목포대학교 이영문 교수는 탁자식 지석묘, 기반식 지석묘, 개석식 지석묘, 위석식 지석묘제주식 지석묘로 분류하고 있는데, 이 모든 형식이 푸라이리앙 마을에서 확인할 수 있다. 동숨바 대부분의 돌멘은 정성스럽게 가공한 석재를 사용하여, 여러 가지 문양이 조각되어 있는 것이 일반적이지만, 푸라이리앙 마을의 돌멘의 대부분은 화산암의 가공하지 않은 부정형의 석재가 사용되었고, 특별하게 조각이 새겨진 돌멘도 찾아볼 수 없다.

돌멘과 전통가옥
푸라이리앙 마을은 숨바섬에서도 가장 전통적인 모습을 간직하고 있다.(푸라이리앙 마을, 동숨바)

마을의 위치는 적의 공격으로부터 방위하기 위해 고지에 만들어져 있기 때문에, 식수를 구하기 위해서는 골짜기의 밑바닥까지 가서 대나무관에 물을 담아 몇 번이고 왕복을 해야만 한다. 낮에는 사람들 대부분이 경작지에서 일하기 때문에 사람의 모습을 찾아볼 수 없다.

푸라이리앙의 사람들은 카나탕Kanatang이라고 불리는 그룹에 속하며, 조상전래의 마라푸를 신앙하고 있다. 마을의 모든 전통적인 의례는 아직도 강하게 남아 있지만, 그 상세한 것에 대해서는 아직 보고되지 않았다. 마을 안에는 여섯 개의 큰 고상 가옥과, 네 개의 비교적 작은 고상가옥이 있어, 완만한 신분제도가 존재했던 것이 아닐까 추측된다. 가옥의 입구에는 좁은 베란다가 있고, 목재의 입수가 곤란한 지역이므로, 건축재로는 대나무가 많이 사용되었다. 초가지붕은 서숨바보다 완만한 경사로 되어 있다. 푸라이리앙 마을은 그들이 전통문화를 잃기 전에 문화인류학이나 민족학 방면의 조사를 시급하게 시행할 필요가 있는 마을이다.

(2) 와잉가푸 주변

와잉가푸 시는 숨바섬의 중심이 되는 도시이지만, 네덜란드의 식민지시대에 건설되었기 때문에, 역사가 오래된 전통마을은 거의 볼 수 없다. 와잉가푸 시 부근에서 동쪽의 푸르레우Pruleu 마을과 파린디Palindi 마을, 남쪽의 카왕고Kawango 마을이 오래된 마을로 알려져 있는데, 이들 전통마을에서도 예외 없이 많은 돌멘이 남아 있다.

와잉가푸 시내에 있는 푸르레우 마을의 거석광장에도 크고 작은 돌멘이 군집되어 있다. 대형 돌멘의 하나는 반지상식 석관을 매장부로 하고, 그 밖으로 네 개의 사각형 석주를 세워 큰 상석을 올려놓았다. 그 상석 위에 무릎을 구부리고 있는 원숭이같이 생긴 석상이 있는데, 마을사람들은 이 원숭이 석상을 배의 돛이라는 의미로 「펜지 레티Penji Reti」라고 부른다. 무릎을 구부리고 있는 원숭이같이 생긴 석상은 동숨바 린디 마을 돌멘에서도 볼 수 있는 것으로 펜지 레티라고 불리지만, 죽은 사람의 시종을 표현했을 가능성이 높다. 푸르레우 마을의 거석광장에 있는 돌멘에는 묘실을 지상에 둔 상자식 돌멘과 개석 주위에 작은 돌을 배치한 개석식 돌멘이 있다.

와잉가푸 시로부터 3km 쪽에 있는 카왕고 마을에 왕의 무덤이라고 전해지는 두 기의 대형 돌멘이 있다. 이것들은 네 개의 사각형 기둥 위에 대형의 개석을 올려놓은 것으로, 개석 내부에 매장부가 만들어져 있다. 옛날 왕의 장례 때에는 돌멘 다리 아래에 노예를 순장했다고 한다. 또 개석의 상부 장축 전후에 인물상과 동물상의 석판조각이 세워져 있다. 이 석판조각은 돌멘의 돛을 의미하는 펜지 레티라고 불리고 있다. 돌멘 석재는 18km 정도 떨어진 산으로부터 3개월 걸려 운반한 것으로, 1870년경 건조되었다고 한다. 이 푸르레우 왕가는 동숨바의 린디 왕족과 인척관계신부를 주는 씨족집단였는데, 지금은 그 세력을 잃어버린 몰락한 왕가이다.

왕의 무덤인 대형 돌멘(카왕고 마을, 동숨바)

돌멘

돌멘은 배를 상징하며, 상단의 구부린 원숭이형 석상은 「펜지 레티」배의 돛라고 불린다.(푸르레우 마을, 동숨바)

동숨바의 왕족, 귀족, 신관 등 지배계급의 돌멘 개석은 사각형 또는 귀갑형으로 가공된 것이 많다. 또 큰 돌멘 한쪽 끝에 물소 머리나 인면 조각이 있고, 어떤 것은 개석 상부에 인물상과 동물상의 석판조각이 수직으로 세워져 있다. 동숨바 거석유구 중에 특히 귀족층의 시신을 매장한 돌멘 중에는 배와 결합되는 요소가 명확히 나타난다. 예를 들어 돌멘을 배, 그 위에 세워진 석판조각을 배의 돛으로 부르는 것이 그 대표적인 사례이다.

(3) 메로로 주변

메로로 부근에서는 린디Rindi 마을과 우마바라Umabala, 파오 마을 마을에 대형 돌멘이 있다. 린디 마을의 돌멘은 지진으로 붕괴된 것이 많아, 네 개의 높은 기둥을 지석으로 하는 돌멘은 구조적으로 약하다는 것을 알 수 있다. 개석에 소 머리 등을 조

린디 마을의 오래된 돌멘군
지진으로 붕괴되었었지만 철근 콘크리트로 네 개의 지석기둥을 보강하였다. (린디 마을, 동숨바)

각한 것, 석상을 올려놓은 대형 돌멘 이외에, 개석을 지상에 둔 개석식 돌멘, 개석을 사각형 이외에 원형으로 가공한 것도 있다. 1991년 필자가 조사한 린디 마을에서는 개석을 운반한 나무썰매 수라가 썩어가고 있었다. 돌멘 조영은 사전에 의식을 행하지 않으면 석재를 광장에 운반해 놓았다고 해도 돌멘을 구축할 수 없고, 장례식 및 무덤 축조에 긴 세월을 필요로 하며, 그동안 유해를 주거 내에 안치해 두는 것이 일반적이었다. 이러한 것들은 앞으로 고고학자가 무덤의 연대 또는 1차장, 2차장의 문제를 생각할 때의 주의사항일 것이다. 필자가 숨바섬에서 조사한 범위로서는 돌멘을 축조해서 매장하는 것은 전부 2차장이었다.

2. 돌멘의 형태

거석유구는 형상, 구조, 성격이 다른 다양한 종류가 있지만, 필자가 숨바섬에서 확인할 수 있었던 것은 돌멘Reti, 상자식 석관묘, 카토다Katoda 또는 와투 비하Watu Biha라고 하는 제단석, 멘히르Penji 종류도 포함한다, 석상, 들돌, 성혈 등이다.

숨바섬의 여러 가지 거석유구 중에서 가장 주목받는 것은 돌멘의 존재인데, 일반적으로 돌멘호石墓이라고 하면, 선사시대의 분묘를 연상하는 경향이 있다. 그렇지만 숨바섬의 돌멘과 멘히르는 지금도 조영되어, 이것들은 다른 인도네시아에서는 분묘나 기념물로서의 기능과 함께 제단, 재판대처형대로 사용되는 경우도 있다.

숨바섬의 돌멘은 대부분이 마을 중앙의 광장에 몇 기부터 몇십 기가 세워져 있는데, 경제적 또는 사회적인 지위에 따라 규모의 차이가 있으며 그 형태도 다양하다. 우선 매장부를 어디에 두는지에 따라 두 개로 분류된다. 그 중 하나의 형태는

파오 마을의 돌멘(파오 마을, 동숨바)

서숨바 아나카랑 군의 파승가 마을, 카본독 마을, 마카타케리 마을, 갈리바쿨 마을의 돌멘에서 보이는 것과 같이 매장시설을 개석 위에 설치한 것이다. 또 하나는 매장시설을 돌멘 개석 아래에 설치한 것으로, 이 타입의 것이 가장 일반적인 형태다. 전자는 낮은 지역에 위치하는 마을이거나 19세기 이후에 각지를 통치하던 왕의 무덤인 것들이 많다. 후자는 높고 낮은 지역을 막론하고 널리 보이는 형태이다. 그 외에도 숨바섬 돌멘의 외견상의 형식은, 전술한 이영문 교수의 분류방법으로도 가능하나, 확실하게 한국의 지석묘와는 구조가 다른 것이 있다. 이후의 고고학적인 발굴의 성과를 기다리지 않으면 안 되겠지만, 다음과 같은 분류 시안을 제시한다.

① 측벽을 가지는 것

    a. 상자식 석관 위에 한 장의 큰 개석을 얹은 것상자식 돌멘

네 개의 판석 위에 개석을 얹은 탁자식 돌멘(푸라이리앙 마을, 동숨바)

두 개의 판석 위에 개석을 얹은 탁자식 돌멘(마누아카라다 마을, 서숨바)

b. 두 개 또는 네 개의 벽에 판석을 두고, 그 위에 개석을 얹은 것_{탁자식 돌멘}

c. 6~10장의 판석 위에 개석을 얹은 것_{위석식 돌멘}

② 측벽을 가지지 않고 4~6개의 지석만을 가지는 것

a. 높이 50~120cm, 지름 30~50cm의 4~6개의 석주를 세우고, 그 위에 큰 개석을 얹은 것. 하부에 석실과 석관을 가진다.

b. ① a를 한 형태로 ② a가 있는 것

c. 4~6개의 석주 위에 큰 개석을 얹은 것. 개석의 상부에 매장 부를 두는 것

③ a. 자연석 위에 개석을 얹은 것_{기반식 돌멘}

b. 개석 아래에서 약간의 지석 부분밖에 확인할 수 없는 것_{개석식 돌멘}

이상 숨바섬의 돌멘의 분류를 시도해 보았지만, 이것들의 신구新舊 관계는 명확하지 않다. 가기야 아키코鍵谷明子가 소개한 전설에 의하면 선주민 「롬보Lombo」토지의 주인의 무덤은, "토지 주인의 씨족의 선조무덤, 숨바에서 가장 고형의 무덤돌멘은 크고

위석식 돌멘(푸라이리앙 마을, 동숨바)

평평한 돌 밑에, 작은 지석을 많이 두어서 만든 단순한 분묘 돌멘으로, 이른바 구로시오권黑潮圈, 오스트로네시아어족의 문화에 널리 인정을 받는 기반식 지석묘였다"라고 지적하고 있지만, 정확하게 말하면 기반식 지석묘가 아니고, 개석식 돌멘이 옳다. 그러나 어떤 형태가 오래된 것인지는 아직 고고학으로부터 증명되지 않았다.

돌멘의 형태적인 차이는, 계급과 신분제도에 의한 격차라고 말해지고 있다. 왕족, 귀족, 신관 등의 귀족층은 ①이나 ② 형태의 것이 많고, 여러 가지 조각을 한 석판조각펜지이 돌멘의 장축 앞뒤에 세워져 있다. ③ 타입은 평민의 것이라고 한다. 현재, 숨바섬에서 확인되는 돌멘은 ①과 ② 형태가 압도적으로 많다. 이것들은 모두 석재가 정성스럽게 가공되어 있다. 그 중 일부는 기하학 무늬, 청동기의 악기, 귀걸이, 물소 뿔 등의 부조가 있어 비교적 새로운 인상을 받는다.

4~6개의 기둥형의 지석을 가진 ②의 a, b, c, 돌멘을 「사자의 집」이라 하여, 관습가옥 내부Uma Bakulu에서 생활한 생전의 생활의 연장으로 간주되고, 관습가옥이나 돌멘도 배를 모티프로 한 것이라고 말한다. 그러므로 개석이나 상자식 석관

기반식 돌멘(마누아카라다 마을, 서숨바)

개석식 돌멘(와이가리 마을, 서숨바)

과 석판조각과의 조합에 의한 돌멘은 사자의 영혼을 마라푸계로 데려다 주기 위해서 설치된 배의 기능을 가지는 것이라고 한다. 또 ①, ② 형태의 돌멘은 인도네시아의 몇몇 소수민족의 전통적인 곡물창고 건축양식과 비슷하다는 지적이 있다. 술라웨시섬, 발리섬, 롬복섬, 플로레스섬의 곡물창고 건축양식은 상위의 부분을 네 개의 기둥이 받치고 있는 고상가옥이 있다. 그 곡물창고의 구조를 모방한 것이 숨바섬 ①, ② 형태의 돌멘이라고 하는 지적이다.

　　농업사회에 있어서 쌀을 보관하는 곡물창고는 매우 중요한 것이지만, 높은 기둥원형 기둥=서숨바, 사각형 기둥=동숨바 위에 개석을 얹은 타입의 돌멘은 플로레스의 워로카 마을과 숨바섬 이외에는 거의 눈에 띄지 않는다. 따라서 인도네시아의 돌멘이 곡물창고로부터 유래되었다고 하는 가설은 이후보다 더 신중히 검토할 필요가 있다. 인도네시아의 다른 지역에서는 오히려 ③ a 기반식 돌멘, b 개석식 돌멘돌을 지면에 두고, 부정형의 개석을 얹은 것이 일반적이다. 숨바에서 가장 오래된 형태의 무덤이라고 지적

워로카 마을의 돌멘
네 개의 기둥 위에 개석을 얹은 것으로, 몇십 기의 돌멘이 군집하고 있다.(플로레스)

되고 있는 것은 ③의 b 형태인데, 인도네시아 선사시대의 돌멘과 같은 형태를 하고 있다. 고고학적 자료로서 발굴조사된 수마트라섬의 파세마 고원이나 자바섬의 돌멘은 ③의 b형식이다.

3. 돌멘의 축조

돌멘 및 그것에 부속되는 거석기념물의 조영은 총체적으로 가난한 숨바섬에 있어서 천문학적인 비용이 드는 행사이다. 그러므로 돌멘을 축조하는 측의 경제적 사정으로 단번에 수행할 수 없다. 경제적으로 여유가 있을 때마다 조금씩 작업을 진행시키고, 몇 년 동안 걸쳐서 행해지는 것이 일반적이다. 따라서 경제적 유무와 상관없이, 돌멘의 축조채석, 운반, 완성는 몇 년 이상 걸쳐서 완성되는 것이 보통이다. 단, 숨바섬의 돌멘은 선사시대의 것뿐만이 아닌 점은 전술한 대로이고, 1980년대 이후 만들어진 것은 거의 다 시멘트제이며, 기독교의 십자가가 세워진 것이 많다.

최근 근대화가 진행됨에 따라 숨바섬에도 전통적인 행사와 의례가 사라지고 있다. 돌멘의 조영도 예외 없이 근대화라는 커다란 조류와 무관할 수 없다. 석재의 운반도 인력에서 중기나 대형 트럭을 사용하고, 또 시멘트제로 바꿔가는 가운데 차츰 돌멘 조영 그 자체를 볼 수 없게 되었다. 그러나 서숨바의 일부 마을에서는 아직 종래의 방식대로 돌멘이 만들어지고 있다. 단지, 해마다 경제성을 생각하여, 될 수 있는 한 소규모의 것을 단기간 안에 완성시키려는 경향이 현저하다. 서숨바의 각지에는 현재도 돌멘용의 석재가 채석되고 있지만, 몇백 명을 동원해서 막대한 비용이 드는 「우파차라 타릭 바투Upacara Tarik Batu」석재를 운반하는 행사는 1980년대 이후 거의 볼 수 없게 되었다.

돌멘에 사용할 수 있는 석재가 서숨바의 와잉야푸와 같이 마을 가까운 곳에 있으면 돌멘의 축조는 그다지 문제가 되지 않지만, 양질의 석재는 보통 먼 곳으로부터 운반된다. 특히 숨바 최고의 석재라고 불리는 것이 남부의 타림방 지방산으로, 왕족 클래스의 돌멘은 배로 몇 주일 동안 운반해서 돌멘을 축조했다고 한다. 현재 타림방까지 도로가 생겨서 대형 트럭으로 돌멘 석재가 운반되고 있다.

숨바섬의 돌멘의 축조과정에 대해서는 가기야 아키코鍵谷明子 교수와 요시다 야스히코吉田裕彦 씨에 의한 상세한 보고가 있다. 일본에서도 숨바섬의 돌멘 축조과정을 소개한 연구자는 이 두 명밖에 없다. 1978년에 일본 오사카부 후지이데라시 미쓰즈카大阪府藤井寺市三ッ塚 고분에서 고대의 운반도구 「수라修羅」가 발견되어 화제가 된 적이 있었다. 일본에서는 제석천帝釋天과 아수라阿修羅의 싸움에서 아수라가 승리해 제석천에게 큰 돌을 움직이게 했다고 하는 설화로부터, 거석을 실어나르는 썰매를

「수라」숨바어로는 「돌의 말」이라고 하는 의미로 Jara Batu라고 불린다라고 부른다. 수라라고 하는 용어는 불교로부터 유래되었지만, 한국과 일본에서는 불교 전래 이전부터 지석묘 석재가 수라와 같은 썰매에 의해 운반된 것이 틀림없다.

수라의 실물은 한국에서 발견된 것이 없어 오랫동안 수수께끼인 채로 남아 있었지만, 오사카부 후지이데라시의 5세기 경의 미쓰즈카 고분에서 고대의 수라가 발견되어, 우리나라 지석묘 연구에 시사하는 바가 많다. 주지하는 바와 같이, 5세기경 일본의 고분시대는 한반도의 영향을 많이 받은 시대로, 특히 거대고분의 조영은 한반도에서의 도래인이 큰 역할을 했다. 미츠즈카三ツ塚 고분의 고대 수라의 발견은 단지 한일의 고대기술의 규명뿐만 아니라, 수라를 사용하고 있는 사회와 문화의 연구에도 이바지하는 바가 크다. 그런데 필자는 고대 수라하고 형태와 크기가 같은 것을 사용해서 거석을 나르고 무덤을 만드는 현장을, 2008년 8월 숨바섬의 와이카부박으로부터 북쪽으로 19km 떨어진 위파토라Desa Wee Patola 면 디키타Kampung Dikita 마을에서 조사할 수 있었다.

디키타 마을은 옛날부터 주변지역을 지배하고 있었던 중심적인 마을이었다. 마을은 숨바섬의 다른 오래된 마을과 같이 산 정상에 위치하고, 현재 스물여섯 채의 가옥그 중 네 채는 관습가옥에 약 250명의 주민이 살고 있다. 마을의 주변은 돌담에 둘러싸여 마치 한국의 산성 안에 있는 것 같은 느낌이었다. 디키타 마을은 행정적으로 서숨바에 속해 있지만 북숨바에 가까이 있고, 교통이 불편한 곳에 있기 때문에 마을사람은 기독교에 개종한 사람이 없고, 마라푸신앙을 믿고 있다.

필자가 본 것은 돌멘 개석에 대응하는 거석 한 기340×240×45cm를 운반하는 행사였다. 무덤은 마을 신관 펫토르스 빌리 움부 두카Petrus Bili Umbu Duka, 75세의 조부모의 것으로, 돌멘 전체를 모두 새롭게 만드는 것은 아니었다. 그의 할아버지는 1940년대에 사망하여달력이 없기 때문에 정확한 서력은 불명, 1940년대 중반에 돌멘무덤이 마을의 거석광장의 일각에 만들어졌다. 그 에게는 네 명의 부인이 있어, 같은 무덤에 매장했다고 한다. 본래의 돌멘은 반지상식의 석관길이 141cm, 폭 67cm, 높이 35cm의 바깥 모서리에 지상 높이 103cm, 둘레 147cm의 원형 기둥을 세우고, 그 위에 개석350×250×50cm을 얹은 전형적인 귀족계급의 돌멘이었다.

그런데 이 돌멘의 개석은 석재가 아니고 시멘트제였으며, 마을 안에 있는 돌멘 군중에 유일한 시멘트제였다. 처음에는 마을사람들 사이에 시멘트제의 돌멘이 무심코 받아들여졌지만, 그 후 마을 안에서 부정한 일이 생기면 모두가 시멘트제 돌멘 탓으로 돌리는 경우가 있어, 펫토르스 빌리 움부 두카Petrus Bili Umbu Duka 씨 가족은 2000년대에 들어서 마을의 신관들의 명령에 의해 개석을 석재로 새롭게 만들게 되었다. 개석을 채석장에서 채석하여 가까운 간선도로 옆에 두기까지는 5년이 걸렸고, 가족 모두가 돈을 모아 개석을 마을로 운반하기까지는 또 3년의 세월이 걸렸다.

(1) 타릭 바투돌 끌기 행사 전야

이 행사가 행해진 것은 2008년 8월 15일의 저녁부터였다. 온 마을사람들이 신관과 악단을 선두로 하여, 청년들은 목제의 수라를 짊어지고, 여성들은 음식물을 넣은 바구니를 머리에 얹고 마을에서 약 4km 떨어진 채석장으로 갔다. 수라에 사용되는 목재는 「낭카Kayu Nangka」라고 하는 단단한 상록수의 생나무가 사용되고, 그 길이는 약 7m였다. 수라의 제작은 거석무덤 조영에 맞추어 행해지는데, 적절한 재료로 쓸 나무는 미리 정해 두는 것이 일반적이다. 그러나 디키타 마을의 경우는 돌멘 개석이 너무 커서, 그것을 얹을 두 갈래로 된 적당한 재목을 찾을 수 없었다. 그래서 두 개의 목재를 「Y자형」으로 연결시켜 수라를 만들게 되었다.

그런데 독특한 소우주를 형성하고 있는 숨바 사회에서는, 자생하는 나무에도 명확한 서열이 있다. 네 개의 기둥을 기본으로 하는 전통적인 가옥의 가장 신성한 기둥에는 백단나무가 사용되고, 다른 기둥에는 그 다음으로 신성한 「마세라」의 나무

조립하기 전의 수라(디키타 마을, 서숨바)

가 사용된다. 수라에 사용되는 「낭카」는 세 번째로 신성한 나무로 여겨진다.

　수라의 제작은, 신관들에 의해 돌 끌기 행사의 일정이 결정되고, 채석장으로부터 돌멘 재료가 되는 돌의 각 부분을 잘라낸 후에 시작되는 것이 일반적이다. 수라의 재료로, 미리 영역 내에서 물색되었던 나무를 베어, 돌을 싣는 데 충분한 크기로 절단된다. 제작 기간은 2~3주일로, 제작하는 사람들도 미리 정해져 있어 그들은 일상생활에서 틈을 내 수라 만드는 작업을 진행한다. 벌목작업을 시작하기 전에는 나무에 제물을 바치고, 간단한 의례가 행해진다. 두 개의 목재를 「Y자형」으로 연결시킨 수라는 마지막 마무리로, 돌을 실었을 때 개석과 수라를 고정시키기 위해서 줄을 매기 위한 구멍이 뚫린다. 수라를 운반할 때는 중량을 줄이기 위해서 해체해서 운반한다.

　디키타 마을 수라의 맨 앞에는 사람 얼굴이 조각되어 있다. 이것은 조상신 마라

타릭 바투 전야

신관과 악단을 선두로, 청년들이 수라를 짊어지고, 여성들은 음식물을 넣은 바구니를 머리에 얹어, 돌멘용의 석재를 운반하러 간다.(디키타 마을, 서숨바)

푸를 나타낸 것으로, 수라를 「말 머리Kabang」 또는 「배Tena」라고도 부른다. 수라의 선두에 조상신의 얼굴을 조각하거나 「말」이나 「배」라는 명칭 등을 쓰는 것은 선조의 힘을 빌려 돌멘용의 석재를 원활하게 나르기 위한 주술적인 의미가 담겨져 있다. 수라에 머리가 달려 있는 것은 기복이 있는 지형에서는 머리 쪽에서 조타를 하여 나아가는 방향을 항상 일정하게 하고 될 수 있는 한 효율적으로 단기간에 거석을 나를 필요가 있기 때문이다. 수라에는 쌍두마차와 같이 머리가 두 개인 것도 있다. 머리가 양쪽에 두 개인 수라는 개석 아래 매장부가 되는 무거운 석재를 나르는 데 주로 사용된다.

한편, 수라의 제작에 사용된 도구는 칼, 도끼, 망치, 톱 등이다. 이렇게 해서 완성된 수라는 4km 떨어진 개석이 있는 곳으로 운반되는데, 거기에서 돌멘의 개석

「Y자형」으로 조립되어 가는 수라

일반적으로, 성인의 두 손을 벌린 길이를 1두파단위라고 해서 소형의 수라는 1두파, 중형은 2두파, 대형은 3~4두파의 크기로 크기가 결정된다. 길이를 재는 사람목공은 정해져 있어, 그 사람의 손 길이가 기준이 된다.(디키타 마을, 서숨바)

을 수라에 싣고 돌 끌기 행사가 시작된다.

일반적으로 4km라고 하면 그다지 멀지 않은 것 같이 생각되겠지만, 디키타 마을은 간선도로로부터 상당히 떨어진 산 위에 위치해 있어 채석장에서 마을까지는 산과 산골짜기가 있어 상당히 험한 노정이었다. 도로의 일부는 포장되어 있지만, 승용차 한 대가 겨우 통과할 수 있는 폭밖에 없고, 잘못하면 절벽 아래로 떨어지는 위험한 길이었다.

저녁에 채석장에 도착해서 우선 수라가 목제의 큰 못과 끈유연한 칡넝쿨을 사용해서 「Y자형」으로 조립되었다. 조립된 수라는 칡넝쿨Tali Toba과 마로 엮은 줄로 견고하게 고정된다. 수라의 완성 후, 이미 잘라져 도로의 구석에 세워져 있었던 개석이 배 모양의 수라에 실려 칡넝쿨로 매어지기 시작한다. 돌멘 개석이 채석된 것은 2004년이었지만, 경제적인 문제로 도로의 구석에 두어진 채였다. 그렇지만 채석된 돌멘용 석재는 혼이 들어 있는 것으로 간주되어 무덤의 조영이 끝날 때까지 굉장히 정중히 취급된다.

여성들이 식사준비로 분주해 하고 있는 사이, 다섯 명의 라토들은 숲속에 들어가 마라푸신에게 행사의 안전을 기원했다. 한 마리의 닭과 돼지가 라토의 지시에 의해 도살되었다. 그 후, 도살된 닭과 돼지의 생간이 라토들에게 옮겨져 내일의 돌 끌기 행사의 길흉을 점쳤다. 돌 끌기 행사의 전후에는 반드시 마라푸신에게 바치는 가축이 희생된다.

한편, 남자들은 수라에 돌멘 개석용의 석재를 실은 작업을 하고 있었는데, 수라의 거석 탑재법은 석재의 장축을 지면에 두어 그 아래에 수라를 놓고, 천천히 쓰러뜨리면서 올리는 방법이었다. 수라는 한번 견인에 사용된 뒤 곧바로 처분되는 것이 아니고, 사용이 불가능할 때까지 되풀이해서 사용된다고 한다. 그러나 실제로 견인 후, 몇 년 후에나 돌멘이 축조되는 경우가 많아, 한번 사용한 수라는 마을의 밖에 방치된다. 따라서 그 수라는 장기간 비바람에 시달려, 또는 돌의 중량의 영향도 겹쳐서 대부분 재사용이 불가능한 경우가 많다.

이러한 거석의 탑재법은 채석장의 지리적 조건이나 석재의 크기에 따라 다른 형태로 행해지는 것은 당연하다고 말할 수 있다. 돌멘 개석용 석재가 수라에 딱 맞게 실려 있지 않으면, 석재를 천천히 끌어올려 수라에게 딱 맞게 싣는다. 개석은 수라에 탑재한 후 견인 시에 떨어지지 않도록 개석의 사방에 통나무를 대어서 줄로 견고하게 묶었다. 탑재된 개석은 마로 엮은 줄을 사용해 수라의 좌우에 있는 여섯 개의 구멍을 통해서 더욱 견고하게 고정한다.

짐 꾸리기를 마친 뒤, 긴 막대에 남성용 직물 이캇을 깃발처럼 매달아 수라에 올려놓은 개석 앞의 중앙Ngora Tena에 세운다. 이 깃발은 「펜지Penji」라고 불리며, 「배의

행사의 안전을 기원하는 라토

돌 끌기 행사에 앞서, 라토들이 숲속에 들어가 마라푸신에게 기원을 하고, 살아 있는 닭이 제물로 바쳐졌다.(디키타 마을, 서숨바)

길흉을 점치는 라토

라토들이 도살한 돼지의 내장을 보고 길흉을 점치고 있다. 『성서』와 같이, 마라푸신앙의 숨바인은 내장을 「읽는」 것으로 이 세계의 다양한 현상을 알 수 있다고 한다.(디키타 마을, 서숨바)

돛」이것이 돌 끌기를 할 때 마라푸와 교신하는 것으로, 거석을 움직이는 초인적인 힘의 원천이 된다고 간주되고 있다을 의미하여, 돌 끌기가 시작되면 라토는 깃발 가까이에 서서, 돌 끌기를 지휘한다. 또한 개석 앞부분Ngora Tena=船頭의 의미은 신관과 마라푸신이 교신하는 곳이다. 돌 끌기의 행사 때에는 인간의 힘으로만 돌을 끄는 것이 아니라, 조상신인 마라푸가 수라에 붙여진 깃발 펜지에 내려와서 돌 끌기에 필요한 힘을 준다고 믿고 있다. 그들은 돌을 끌 때에 "오, 우리 선조여. 여기에 내려 와서 우리와 함께 돌을 끕시다!"라는 말을 되풀이해 외치면서 끌어간다. 이렇게 숨바섬에서 행해지고 있는 돌 끌기 행사에는, 그들이 가지는 정신적인 요소가 많이 포함되어 있다. 그것은 모두 죽은 자의

수라의 짐 꾸리기

돌멘 개석용의 석재를 수라에 실어서 포장에 사용된 끈은 섬유질이 풍부하고 부드러운 「타리 토
바」라고 하는 칡넝쿨이 주로 사용되었다.(디키타 마을, 서숨바)

영령을 무사하게 마라푸계에 보내는 것을 목적으로 한다. 돌 끌기 행사가 성대하게
행해지는 것은 사실이지만, 그것은 돌멘의 조영만을 목적으로 하는 것이 아니고,
그들이 가지는 우주 내의 의례를 완결시키는 것을 목적으로 한다.

　해가 지고, 참가자 전원에게 식사가 제공되었다. 저녁식사 후, 밤이 어두워지는
것과 동시에 밤의 의례가 시작되었다. 수라에 얹은 개석의 전방부에는 한 명의 신
관이 앉고, 선조신 마라푸에게 행사가 무사하기를 빌었다. 그리고 관습에 따라 닭
을 죽여 그 심장을 꺼내서 길흉을 점쳤다. 여섯 명의 신관들이 협의한 결과 「길」이
라고 판단되어 밤의 의례가 시작되었다. 모든 마을사람이 개석을 실은 수라의 옆

에 둥글게 둘러앉고 그 일각에 신관들과 악단북과 징이 앉았다. 라토들의 기원의 노래와 악단의 연주연주라고 하는 것보다 북과 징을 「탕—」길게, 「타」짧게, 「탕」짧게가 시작되면, 남녀 마을사람들이 차례로 원형의 진 안에 들어가 춤추면서 노래를 부른다. 여성의 춤은 그다지 복잡한 것이 아니라 걸어가면서 손을 상하로 움직이고 허리를 흔드는 서클댄스이다. 그 여성들 사이에 때때로 남성들이 난입하여 춤을 추는데, 남성들은 허리에 꽂고 있던 1m 이상의 칼을 뽑아 휘두르면서 춤을 춘다. 숨바섬 남성의 춤은 모두 칼 아니면 창과 방패를 꺼내어 추는 것이 특징이다. 돌 끌기 행사에서 행해진 춤은 신년제의 포두나 장례식 때의 춤과 그다지 다르지 않았다. 민족의상을 입은 남여의 춤은 수라에 얹은 개석과 함께 밤을 새워서 행해졌다. 원칙적으로 마을의 성인남녀는 이 철야의 난무에 참가해야 하고, 돌멘용 석재를 실은 수라가 마을에 들어갈 때까지 연야 계속해서 행해진다.

(2) **타릭 바투**돌 끌기 행사

8월 16일, 동이 트면서 개석을 채석한 채석장으로 신관들이 모여 살아 있는 개 한 마리를 죽여 제물로 바쳤다. 개의 희생은 채석한 돌에 대한 감사의 대가를 마라푸 신에게 지불하는 것이라고 한다. 숨바인들은 개고기를 좋아하는데, 돌멘용의 석재를 채석한 후 개를 잡아먹는 풍습이 있다.

디키타 마을의 신관들의 의례는 이어져, 산 닭이 제물로 바쳐졌다. 제물로 바쳐지는 모든 가축의 도살은 신관이 직접 행하는 일은 없고 마을사람을 골라 지시할 뿐이다. 닭의 내장으로 점을 친 결과, 돌 끌기 행사가 「길흉」이라고 나왔다. 신관은 행사의 무사를 기원했다. 조영주造營主가 소와 돼지를 잡아 밤의 의례에 참가한 모든 사람들에게 아침식사가 제공되었다. 조영주의 의무는 물소와 돼지를 잡아서 그 고기를 노동력의 대상인 운반작업에 참가한 사람들에게 식사를 대접하고 성대한 연회를 개최하는 것이다. 식사와 음료의 준비는 조영주 쪽 여성들이 중심이 되지만 마을의 모든 여성들이 참가해 돕는다.

아침식사가 끝나면 「카와타」라고 불리는 통나무의 굴림대가 놓이고, 나뭇가지와 나뭇잎까지도 수라修羅, 큰 나무나 큰 돌 등을 나르는 도구로 썰매의 일종와 지면의 마찰을 줄이기 위해서 지면 위에 깔린다. 드디어 돌 끌기의 시작이다. 우선 수라에 실린 개석에 신관이 서면 마흔 명 정도의 철야조인 남성들이 모여, 신관의 구호로 돌 끌기가 시작된다. 수라 위에 선 신관은 마치 배의 운항을 지휘하는 선장을 상기시킨다. 돌을 끌 때에는 여러 명의 끄는 사람의 힘을 하나로 모으기 위해 일종의 노동요를 부른다. 우리나라의 상여가와 매우 닮은 멜로디이며, 신관이 "오, 선조여! 당신 자손의 곁으로 오시오"라고 구호를 외치면 남자들이 "와", "왓"이라고 소리를 내면서 수라를 끌어당긴다.

사람들이 끄는 줄은 수라의 좌우 양쪽에 두 개씩 뚫린 구멍과 연결되어 있고, 또 한 줄은 말 머리라고 불리는 부분에 매어졌다. 수라를 끄는 줄은 중앙과 좌우의 세 줄이 중심인데, 좌우에 있는 두 줄에 두 열씩 네 팀이 붙고, 말의 머리 부분을 끌어당기는 중앙의 줄에는 두 팀이 더 붙어서 총 여섯 팀으로 갈라지고, 진행방향으로 일제히 전력을 다해 거석을 끌어당겨 간다. 개석을 실은 수라는 세 개의 줄에 붙은 여섯 팀에 의해서 끌려가고, 지형에 따라서 줄이 추가되는 경우도 있다.

처음에는 마흔 명 정도였지만 돌을 끄는 남자들이 지르는 소리를 듣고 민족의 상을 입은 남자들이 점차 모여들어 돌 끌기에 합류했다. 어떤 사람은 걸어서 또 어떤 사람들은 오토바이를 타고 모여 들었다. 돌 끌기 행사는 마흔 명 정도로 시작되었지만, 정오 가까이가 되면서 최대 400명 정도로 불어났다. 돌 끌기에는 주최자인 가족과 친인척 남자들 이외에도 주변의 마을사람이 참가한다. 보통 하루에 몇 백 명옛날에는 하루에 2,000명 정도가 모였다고 한다의 마을사람을 동원하는 이 행사에는 훈공제연勳功祭宴이 열리고, 막대한 비용이 든다. 숨바섬의 돌멘 축조에 동원되는 사람은 강제적이 아니라 상호부조의 성격이 강하다.

돌 끌기의 시작
개석 위에 신관이 서고, 흰 깃발이 펜지이다. (디키타 마을, 서숨바)

　한 개의 줄에 100명, 총 300명 가까운 남자들에 의해 개석을 실은 수라가 끌어졌다. 징을 쳐서 올리고, 전원이 온 힘을 다해 구호를 하며 끌고 갔다. 굴림대는 평지와 경사진 곳을 올라갈 때만 사용된다. 몇 m 가서는 징을 치며 조금 휴식을 취하면서 수라를 끌어간다. 뒤쪽으로 몇십 명의 여성들이 음식을 머리에 이고 따라온다.

　채석장에서 디키타 마을까지는, 약 4km의 여정이지만, 도로가 좁은데다 산과 골짜기가 있는 길이 계속되기 때문에 무사하게 마을까지 옮겨지기까지는 방심할 수 없는 상황이었다. 4톤 가까이 나갈듯한 개석을 실은 수라는 조금씩 언덕을 올라갔다. 수라를 끄는 남자들의 구호를 듣고 이웃마을 사람들이 한 명씩 두 명씩 돌 끌기에 참가하고, 낮 시간쯤 되어서는 구경꾼까지 합해 돌 끌기 행사에 참가한 사람은 500명 정도로 늘어나 있었다. 필자도 돌 끌기에 참가했지만, 험한 길을 만나면 밧줄로 엮은 나무가 때때로 끊어져, 이것을 보강해 가면서 앞으로 나아갔다. 수라를 끌고 산길을 오르는 일은 대단한 중노동이었다.

개석을 실은 수라는 언덕을 오르자마자 이제는 내리막길을 향했다. 언덕을 오르기 전까지 길을 가로막은 나무는 베어 넘어뜨려, 가지나 나뭇잎까지도 굴림대로써 도로에 놓았다. 돌 끌기 행사에서 가장 위험한 것은, 급경사의 언덕길을 내려오는 것이다. 가속된 수라에 깔려 중상자나 사망자가 자주 나오기도 하므로 매우 위험하다. 내리막길에는 굴림대를 깔지 않고, 측면 부분의 줄 두 개가 브레이크 역할을 하여 뒤쪽으로 끌어당기며 천천히 내려갔다.

그리고 이날의 최대의 관문인 강에 겨우 도착했다. 건기여서 수위는 거의 없었

타릭 바투(디키타 마을, 서숨바)

지만 문제는 시멘트로 새로 놓인 다리였다. 다리의 폭이 돌멘의 개석보다 좁은 것이었다. 신관들이 협의한 끝에 우회하기로 결정하고 마을까지 500m 정도 거리를 남긴 채 이날의 돌끌기 행사가 끝났다. 전날 밤 같이 모든 마을 사람들은 수라 근처에서 노래와 춤으로 밤을 지새웠다.

8월 17일, 아침 해가 뜨는 것과 동시에 우선 신관들이 닭과 돼지 간으로 점을 치고 행사의 안녕을 기원했다. 마을까지는 상당히 가까이 와 있었지만 남은 여정은 급경사의 언덕길이었다. 이날 아침은 근린의 마을사람들이 좀처럼 모여들지 않았다. 일요일이라서 사람들이 교회에 갔기 때문이었고, 사람들이 모여들기 시작한 것은 예배가 끝난 12시 이후부터였다. 무더위 속의 이른 아침부터 돌 끌기에 참가한 마을사람들의 얼굴에는 피곤의 기색이 역력했다. 실질적으로 수라가 견인된 것은 오후 12시 이후였고, 이날 돌 끌기는 불과 500m의 거리를 약 7시간이나 걸려서 계속되었다. 겨우 수라가 마을 입구 근처까지 옮겨졌을 때, 참가자들은 상당히 피곤한 기색이었다.

8월 18일, 전날처럼 신관들에 의한 기원과 점이 행해진 뒤 마을을 통하는 길을 따라서 수라가 끌어졌다. 마을의 입구가 좁은 돌담으로 쌓여 있었는데, 수라가 지나갈 수 있도록 철거되었다. 길에는 나뭇가지와 나뭇잎이 굴림대로 정연하게 놓아졌다. 급한 경사길도 없었기 때문에 전날보다는 빠른 속도로 진행되었다. 마을 입구에 도착한 뒤, 수라는 돌멘의 조영주와 신관들이 나와 정식으로 마을에 맞이하게 된다. 한 사람의 신관이 개석에 공물을 놓고, 마라푸에게 기원을 올렸다. 이렇게 해서 마을에 들어가는 의식을 마치고 개석은 마을의 광장에 있는 석관무덤의 가까운 곳에 옮겨졌다. 이것을 끝으로 매우 지친 참가자들이 각자의 집에 돌아가서 잘 수 있었다.

8월 23일, 원통형의 지석에 통나무를 묶어서 견고하게 고정시켰다. 지석 위와 지면에는 긴 통나무를 사용해서 활주로 같은 사면이 만들어 졌다. 개석을 실은 수

통나무를 사용해서 원통형의 지석을 고정하고 개석을 올릴 준비를 갖춘다.(디키타 마을, 서숨바)

지면에 비스듬히 건 통나무 위를 끌어 당겨서 개석을 올려놓는다.(디키타 마을, 서숨바)

라는 통나무로 만든 활주로 아래로 옮겨져, 수라와 개석을 묶었던 줄이 풀리고, 개
석이 활주로에 걸쳐졌다. 다음으로는 개석을 지석 위에 끌어 올리는 의례가 시작
되는데, 행사가 시작되기 전에는 개석 앞에서 신관을 중심으로 경건한 기도를 드
리고 닭의 심장으로 점을 친다. 점으로 행사의 길흉이 판단되면 마라푸에게 살아
있는 말을 제물로 바치면서 행사가 시작된다. 개석에는 직물과 다른 공물이 마라
푸에게 바쳐진다. 신관의 구호에 따라서 줄이 당겨져 개석이 돌멘 위에 올려졌다.
그 후 지석에 가설되었던 통나무들은 철거되어 완성된 돌멘이 새롭게 단장되었다.
　이 돌 끌기 행사는 쾌활하고 즐거운 분위기를 기반으로 행해지는 느낌이 강했지
만, 조영주로부터 대접이 시원치 않으면 도중에 돌아가는 사람도 있었다. 그러나
각처에 숨바의 문화적 특징을 가리키는 현상이 여실히 드러나 있는 흥미있는 행사
였다. 더욱이 선사학과 고고학 분야에서는 이러한 거석무덤이 발견되는 경우에, 그

완성 후의 돌멘(디키타 마을, 서숨바)

축조에 대해서 종종 다음과 같이 추측해 왔다. 즉, 네 개의 지석에 거석을 올리는 방법으로, 네 개의 지석 높이까지 흙을 쌓아서 거석을 끌어올리고, 거석을 올린 후에 메웠던 흙을 제거해 나가는 식이 아니었을까라는 것이다. 그런데 숨바섬에서는 흙을 쌓아올리지 않고 통나무를 사용해서 원통형의 지석을 고정한 다음, 지석의 앞면에 긴 통나무를 활주로처럼 깔고 지면에 비스듬히 건 통나무 위를 끌어당겨 올리는 것이었다. 이때 지석을 견고하게 고정하지 않아서 받침 기둥이 쓰러지는 바람에 압사자가 나온 적도 있었다고 한다. 물론 숨바섬 돌멘의 축조과정이 한국의 지석묘 축조과정과 똑같다고 할 수는 없지만, 금속제 도구가 발달하지 않은 상황에서 대량의 흙을 사용해서 쌓아올리는 성토작업도 결코 쉽지만은 않다고 생각된다.

(3) 훈공제연勳功祭宴

숨바의 타릭 바투는 돌멘 조영주의 권력과 재력을 과시하고 일족의 번영을 기원하기 위해서 행해지는 훈공제연勳功祭宴 중의 하나이다. 마을 공간에 있어서도, 또 정신적인 측면에서도 중요한 위치를 차지하는 것이 거석광장이다. 그 거석광장을 구성하는 중요한 요소의 하나가 돌멘이고, 그것을 운반하는 데 수라가 사용된다.

수라는 숨바에 있어서 돌멘을 축조하면서 빼놓을 수 없는 중요한 것으로, 「배」를 상징한다. 서숨바에서는 수라를 카방구Kabangu라고 부르는데 이것은 배카누를 의미하고 있다. 마라푸의 의복으로 간주되는 앞에 세운 깃발Penji, 배의 돛을 의미함과 개석 앞부분을 뱃머리Ngora Tena로 칭하고 있다. 따라서 숨바의 수라에는 배의 관념이 내포되어, 주민 입장에서 보면, 수라는 현세와 초자연계인 마라푸계와의 사이를 중개하는 매개체로서의 기능을 하고 있다.

8월 24일부터 26일까지의 3일간은 돌멘의 완성을 축하하는 훈공제연勳功祭宴이 행해졌다. 24일 정오쯤부터 주변의 친족으로부터 차례차례 물소와 돼지가 보내져 왔다. 25일에도 친족이나 지인들이 돼지와 물소를 데리고 행렬을 지어서 마을

돌멘의 완성을 축하하는 훈공제연勳功祭宴의 시작

주변 친족에게서 차례로 물소나 돼지가 제공되는데, 수십 명의 조문객들이 징이나 북을 치며 물소를 선두로 마을에 들어온다.(디키타 마을, 서숨바)

에 도착했다. 물소는 야자의 잎으로 뿔을 장식하고, 여러 사람들이 징과 북을 치며 물소를 선두로 마을에 들어온다. 그들은 먼저 돌멘 조영주의 집으로 가서, 마을사람들로부터 환영을 받고, 조영주에게 위로의 말을 건넨 후 각자 정해진 휴식처로 안내되었다. 그러고 나서 몇몇 남자들이 물소를 거석광장으로 끌고가서 제물로 삼기를 기다린다. 이 행렬의 인원수는 20명에서 70명 정도로 다양하다. 조문객은 두 줄로 늘어선 가옥의 베란다로 안내되어, 각각 커피와 시리 피낭의 접대를 받는다. 이렇게 해서 20~30분 간격으로 차례차례 물소와 돼지를 가지고 온 조문객이 전통의상을 입고 한 차례의 의식을 끝마치고 각자 정해진 숙소로 이동해 간다.

친족 집단을 환영하는 의식

친족의 집단이 마을에 들어올 때마다 환영의 춤을 춘다. 마을의 청년들은 창이나 방패 또는 칼을 뽑아 흔들면서, 괴성을 지른다.(디키타 마을, 서숨바)

26일 오후 3시경 30~40명의 친족이 말을 선두로 마을에 들어온다. 말은 물소와 함께 마라푸에게 바치는 의식을 위한 것이지만, 바로 그 자리에서 목이 베어져 제물이 된다. 오후 4시경 예정된 조문객의 방문이 끝나고, 조영주의 집에 신관들이 모여 마라푸신에게 무사히 돌멘 축조가 완성된 것을 감사하는 기도가 올려졌다.

기도가 끝나자 돌멘의 완성의례본래는 장례식의 클라이맥스인 물소의 공희의례가 시작되었다. 이날 물소 스물네 마리가 거석광장에서 제물이 되었는데, 피를 좋아하는 사람들로 알려진 숨바인에게 걸리면, 물소는 울음소리 한번 내지 못하고 목 언저리를 잘려 도살되고 만다. 돼지는 정확하게 몇 마리인지 확인할 수 없었지만 물소의 세 배 이상 되었다고 생각한다. 돼지는 플로레스섬에서처럼 거석광장에서 제물이

돌멘의 완성을 축하하는 훈공제연(勳功祭宴)
소는 울음소리 한 번 내지 못하고 목 언저리를 잘리어 도살된다.(디키타 마을, 서숨바)

제물로 쓰이는 가축
거석광장은 동물 공양으로 붉게 물들어 간다. 많은 물소, 돼지, 소가 제물이 되었다.(디키타 마을, 서숨바)

제1부 지금도 살아 있는 지석묘 사회 숨바섬 **211**

되는 것이 아니라 다른 장소에서 도살된다. 이날의 조문객은 약 700~800명 정도였고, 오후 6시경 조문객은 돌멘 조영주 집에서 준비된 식사를 대접받고 집으로 가는 길을 나섰다.

이러한 돌멘 축조에서 알 수 있듯이, 이 정도의 사람이 동원되는 것과, 훈공제연勳功祭宴에 드는 비용을 생각해 보면, 이것들이 가능할 수 있는 사회적 배경으로 계층분화가 있었던 것이 분명하다. 필자는 고고학적으로 발굴된 인도네시아의 선사시대의 지석묘支石墓와 그 문화의 주인공들도 지금의 숨바와 같이 계층분화와 가축공희가 있었다고 생각한다.

나가는 말

숨바섬은 교역 루트로부터 멀리 떨어진 섬으로, 힌두교, 불교, 이슬람교를 수용하지 않은 민족이다. 숨바족은 19세기까지 대규모 정치조직도 문자도 없이 소규모 부족사회를 기반으로 생활을 영위해 왔다. 그들의 신앙, 사회구조, 예술도 각각의 부족사회의 틀 안에서 전개되어 왔다.

숨바섬의 돌멘이나 펜지 조각, 염직물 등은 조형적으로 예술성이 뛰어나다. 숨바족의 다양한 예술성은 인도나 중국의 영향을 받은 동남아시아의 다른 민족의 조형과 잘 대비된다. 그러나 숨바섬의 조형에 있는 그 다양성 안에, 지리적인 거리를 넘어 인도네시아 도서부의 공통성이 보인다.

예를 들면 숨바섬의 돌멘과 펜지에는 여러 가지 문양이 조각되어 있다. 알몸으로 음양의 성기를 가진 인물상, 영혼을 나르는 새, 소의 머리, 말, 닭, 뱀 등의 동물 문양과 기하학적인 문양이 두드러지게 나타나고, 이러한 것들은 숨바섬의 직물문양에도 나타난다. 또한 이것들의 문양은 동손청동기의 문양과 대단히 유사하다. 그 밖에도 돌멘의 표면에 보이는 악어, 이중 소용돌이 문양, 네 개의 조합된 소용돌이 문양, 톱날문양, 또 Ω형태의 장신구 등이 서로 멀리 떨어져 있는 동남아시아의 다른 민족의 조형에서도 공통적으로 보인다. 이것들의 주제나 문양은, 동남아시아 대륙부의 소수민족이나 대만의 선주민, 나아가서는 인도 북동부의 나가족의 조형에서도 볼 수 있는 것들이다. 이렇듯 광범위한 지역에 걸친 주제나 문양의 공통성을 둘러싸고 선사시대에 이 지역에 널리 전파되었던 문화나 표현양식이 동남아시아 산악지대와 인도네시아 도서부에서도 계승되어 왔다. 그러나 인도네시아 도서부의 선사시대의 역사는 문자에 의한 기록이 없고 고고학적 자료도 적어 아직 해결되지 않은 문제가 산처럼 남아 있다.

숨바섬의 역사나 돌멘을 시작으로 하는 거석유구에 대해서, 인도네시아 공화국 안에서도, 그것을 정면으로 다룬 연구는 거의 없다. 거기에는 여러 가지 이유가 있다. 우선 거석유구가 섬 전체 마을들에 거의 예외 없이 존재하고 있다는 사실이다. 그럼에도 불구하고 정식 발굴조사가 전혀 없고 각각의 유적 연대를 모른다. 게다가 많은 돌멘이 최근에도 축조되고 있어서, 신구의 것들이 혼재하고 그 구별이 명확하지 않은 것 등도 그 이유의 하나로 들 수 있다.

현재 숨바섬 돌멘의 각각의 연대는 불분명하지만, 주변 섬들이 발굴조사나 인도네시아의 역사연구를 통해 숨바섬 돌멘의 시원은 기원전 10세기부터 기원전 5~6세기라고 추정하고 있다. 그러나 이러한 연대를 뒷받침하는 유력한 사료가 있는 것은 아니다. 결론적으로 숨바섬 돌멘의 연대적인 고찰과 그 증명은 금후의 발굴조사 성과를 기다리는 수밖에 없다. 따라서 숨바섬의 거석유구가 가지고 있는 의미나 그 역사를 밝히기 위해서는 현 단계로서는 자료가 너무 적고 미해결의 많은 문제점을 가지고 있다.

한편, 숨바섬 돌멘 연구에 있어서 오스트리아 빈 학파의 역사민족학자인 하이네 겔데른의 연구가 시사하는 바가 많다. 그는 동남아시아의 토착적 조형에 공통적으로 드러나는 요소에는 동일한 기원이 있고, 거기에서 문화가 전파되어 각 지역에 전해졌다고 하는 전파설을 주장하고 있다. 특히, 인도나 중국의 영향을 받지 않은 인도네시아 도서부, 미얀마, 인도 동북의 나가족의 조형을 예로 들며 거기에 두 개의 주요한 양식이 있다고 설명한다.

그 중 하나가 「기념적 양식」으로, 직선적인 형식과 윤곽, 기하학적이며 양식화의 경향을 지고, 의장意匠, 디자인이 단순한 장식이 아니라 기념적·주술적 상징의 의미를 가지고 있다고 한다. 술라웨시섬의 토라자족에게 보이는 물소의 머리나 네 개의 조합 소용돌이 문양, 그 외에 티모르섬 벨족이나 수마트라섬 바탁족, 니아스섬 니아스족의 가옥에 조각된 유방 모티브 등은 단독 또는 병합하여 존재하고 있을 뿐, 다른 것과 합쳐진 문양으로 만들어지는 경향은 보이지 않는 것이 특징이라고 한다. 그리고 크고 작은 섬들의 많은 민족에게서 발견되는, 실물대로 새긴 선조상의 조각이나 수호신 상像도 기념적 양식을 대표하는 것이라고 한다.

또한 기념적 양식은 개인이 사회적인 지위를 향상시키는 의례적 업적이 되는 제연, 풍요를 기원하기 위한 머리사냥 의례, 소와 말의 가축공희, 그리고 거석유구의 조영과 결부되고 있다고 한다. 기념적 양식은 이러한 관습들을 포함하는 거석문화와 함께 신석기시대의 주인공이었던 오스트로네시아어족이 기원전 2000년에 동남아시아 대륙부를 남하해서 인도네시아 도서부의 크고 작은 섬들에 퍼져가면서 발생한 것이라고 결론짓고 있다. 그러나 이러한 공통적인 조형미술을 근거로 서로의 역사적인 영향관계를 논하기에는 많은 문제가 있다.

또 하나의 양식은 「장식적 양식」으로, 곡선이나 소용돌이가 주요한 문양이 되고 있다. 이 양식의 모티브는 종교적·주술적 의미가 약하고, 장식적 수법으로 양식화되어 있다고 한다. 인도네시아 도서부의 조형에서 보이는 연속된 S자 문양, 소용돌이 문양, 톱날문양, 하트형의 안면, 그리고 선상에서 의례를 행하는 장면의 모티브 등으로 대표되는 장식적 양식은 동고를 시작으로 하는 동손문화를 담당했던 사람들이 적어도 2세기경까지는 작은 그룹으로 나뉘어 베트남 북부에서 도서부의 각지로 이주하면서 널리 퍼졌다고 한다.

또 칼리만탄 중부의 다약족이나 플로레스섬의 가다족에게서 보이는 복잡하게 교착된 곡선 디자인의 의장은 기원전 4~기원전 3세기의 중국 이주자에 의해 중국 주周 후기의 미술이 도입된 것이며, 또 동손이나 주周의 미술양식은 멜라네시아나 뉴질랜드의 조형에도 영향을 미친 것으로 주장하고 있다.

확실히, 하이네 겔더른이 「기념적 양식」으로 본 거석문화는 동남아시아 도서부의 가장 흥미 있는 특징의 기층문화이다. 수마트라, 자바, 발리, 칼리만탄, 술라웨시에는 선사시대의 거석유적이 있다. 그리고 수마트라 바탁족, 니아스, 숨바, 플로레스, 사부, 타닌발제도 등에서는 20세기가 되어서도 살아 있는 거석문화를 가지고 있었다. 그 중에서도 특히 숨바섬의 마을들에는 돌멘을 비롯한 다양한 거석기념물이 다수 남아 있다. 돌멘은 분묘로서의 기능과 함께, 귀족이 그 신분을 유지하고 보다 높은 명성과 지위를 차지하기 위해서 금과 은의 장신구 제작이나 성대한 사자제연과 병행하여 조영해 온 것으로, 거기에는 선조를 모시는 것과 동시에 살아 있는 자의 권위의 상징으로서의 의미가 있다. 현재에 있어서도 숨바섬에서는 돌멘의 조영은 씨족의 위신을 걸고 행해지고 있다.

한편 동손에 유래하는 동고의 사용은, 기원전 1000년 후반부터 3세기경까지 인도네시아 도서부에 도입되었다고 하는 지적도 있지만 오늘날에도 발리섬에서는 힌두교의 사원에 고대 동고가 안치되어 있고, 또 19세기에 자바섬 동부에서 주조된 동고가 지금도 아롤섬 등 동인도네시아의 많은 섬에서 교역품, 혼례용 재물, 의례용 제기로서 사용되고 있었다. 이렇게 동인도네시아의 도서부에서는 선사시대의 청동기가 현재에 이르기까지 사용되고 있다. 따라서 불교나 힌두교, 이슬람교를 수용하지 않은 동인도네시아 제도뿐만 아니라 외래의 문화화 종교를 많이 받아 온 자바나 발리 같은 민족도, 그 다양한 조형 속에 고대 기원의 모티브나 표현양식을 계승하고 있다.

그러나 현 시점에서 하이네 겔더른의 전파설은 여러 방면에서 비판을 받고 있다. 하이네 겔더른의 가설에 대한 비판 중 하나는, 이 전파설이 동남아시아 문화의 기원을 인도네시아나 필리핀 이외의 지역에서 추구하고 있다는 점이다. 최근 연구로는 특정한 의장이나 모티브가 동남아시아 도서부에서 독자적으로 발생한 것이라고 한다. 그리고 1970년 이후의 고고학이나 언어학 등의 성과로부터 조형요소가 확산한 시기나 경로, 시스템에 대해서 새로운 가설이 등장했다.

예를 들면, 언어학의 입장에서, 유럽과 미국의 오세아니아 연구자 사이에서는, 오스트로네시아어족의 선조는 중국 남부 근처에서 기원전 4000~기원전 3500년에 대만으로 이동하고, 그 후 필리핀을 경과해서 인도네시아, 오세아니아에 확산했다고 하는 설이 많은 연구자들의 지지를 받고 있고, 인도네시아 도서부에 신석기 문화가 퍼진 경로나 오스트로네시아어족의 문화형성 전반에 대해서 새로운 시점으로 바라보고 있다.

게다가 멜라네시아의 비스마크제도로부터 뉴칼레도니아, 사모아제도에 이르는 지역에 분포한 약 기원전 1500~기원전 500년에 제작된 특징적인 장식양식을 가지는 토기군을 만든 「라피타 문화」에 관한 지식이 증대하고, 동남아시아 도서부와의 관련성이 주목받게 되었다. 라피타 Rapita 토기의 형태나 장식기법, 기하학적 모티브 등은 필리핀이나 술라웨시섬에서 출토된 기원전 2500년경의 토기군과 유사한 것으로, 이 시기 필리핀에서 멜라네시아에 이르는 지역이 교역과 식민의 네트워크가 형성되어 있었다고 추측되고 있다.

발리섬의 동고나 숨바섬 동쪽의 로티섬에서 출토된 청동도끼에서 볼 수 있는 하트형의 인면, 톱날문 등은 라피타 토기

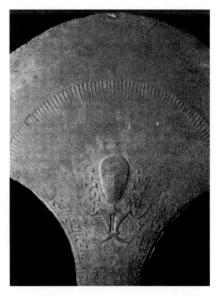

로티섬에서 출토된 청동도끼(부분)

에서도 볼 수 있는 특징적인 모티브지만, 이러한 특징은 동손문화에 의해 발생되었다고 하는 종래의 가설로부터, 인도네시아 도서부나 오세아니아 서부에는 동손청동기문화의 전파 이전부터 대륙부의 것과 비슷한 모티브나 조형양식이 이미 존재하고 있었다고 주장하는 연구도 있다.

동손문화와 중국의 조형요소가 인도네시아 도서부나 오세아니아 서부지역에 이주해 와서 발생되었다고 하는 견해보다도, 이러한 문화의 전파는 인적인 이주보다도 교역품의 유통에 의해 널리 퍼졌다고 하는 견해가 있다. 최근의 이러한 연구 동향을 지지하는 것으로서, 동인도네시아 도서부의 해양교역 네트워크가 주목받고 있다. 동손동고를 비롯한 청동기가 의례용구나 지위의 상징으로 중요한 교역품이었다는 것은 부정할 수 없는 사실이다. 또 숨바섬의 직물에는 중국의 용으로 이어지는 가공의 동물 표현이 있는데, 이러한 것들은 고대부터 현대에 이르기까지 대량으로 반입되어 온 중국의 도자기로부터 매개한 것이라고 한다.

그러나 인도네시아 고고학계의 주류는 숨바섬 돌멘의 시원은 동손문화와 밀접하게 관련되어 있다고 하는 견해이다. 고고학상의 자료로서 조사된 돌멘은 자바섬, 술라웨시섬, 수마트라섬 지역의 일부이며, 현 시점으로서는 잔존하는 「살아있는 거석문화를 가진」 지역과는 상당히 다른 점도 있다. 게다가 발굴·조사된 예가 부족하고, 「선사시대의 지석묘」와 「살아 있는 돌멘」이라는 시간적인 문제, 거석문화를 가지는 섬과 거석문화를 가지지 않는 섬과의 공간적인 문제, 그리고 다른 해결되지 않은 많은 문제가 산적해 있다.

현재 숨바도민과 민족학적으로 비교·연구의 대상이 되고 있는 것이 숨바섬 북쪽에 위치하는 플로레스섬의 산악지대에 사는 망가라이족, 가다족, 엔데족, 리오족이다.

플로레스섬의 서부에 위치하는 망가라이족은, 촘팡Compang이라고 불리는 적석유구를 중심으로 하는 촌락에 거주하고 있다. 타원형의 돌담에 둘러싸인 광장

개석식 돌멘군

망가라이족은 촘팡이라고 불리는 적석광장을 중심으로 마을을 형성하고 있다. 타원형의 돌담에 둘러싸인 광장의 중심에는 숨바섬에서 볼 수 있는 개석식 돌멘군이 있다.(디키타 마을, 서숨바)

Compang의 중심에는 코타Kota라고 불리는 성스러운 장소가 있어, 거석유적과 함께 많은 관습가옥이 있다. 현재 루텡 푸후Luteng Puhu 마을과 토도Todo 마을의 거석광장에 숨바섬에서 볼 수 있는 개석식 돌멘이 많이 남아 있다.

플로레스 가다에 사는 가다족은 많은 종류의 거석유구를 가지고 있다. 플로레스 섬의 가다족과 중부 플로레스섬의 엔데족, 리오족이 전통문화가 가장 강하게 남아 있는 부족으로 그들도 숨바섬과 같이 거석유적과 함께 생활을 영위하고 있다. 촌락은 망가라이와 같이 상당히 높은 곳에 위치해 그 대부분은 디소리토Dissoliths라는 것이 광장에 세워져 있다. 이것은 돌멘과 멘히르를 조합한 것으로 아삼Assam의 나가족이나 동북인도의 문다족에게서 많이 보이는 것이다. 돌멘이 여성, 멘히르가 남성

토도 마을의 거석광장
중앙의 적석유구 위에는 입석과 개석식 돌멘이 남아 있다. (망가라이, 플로레스)

을 상징적으로 나타내고, 디소리토의 돌멘은 마을의 라자^{수장}의 무덤이라고 한다.

　중부 플로레스에 사는 엔데족, 리오족은 행정상 엔데에 속한다. 중부 플로레스에 있어서 공통적으로 보이는 전통촌락에는 칸가^{Kanga}라고 불리는 거석광장이 있다. 보통 마을^{숨바섬에 있어서 중앙 핵 마을에 해당}은 전통가옥을 중심으로 20~30호 정도로 이루어진 가옥군으로 구성되어 있다. 엔데 워로토포^{Wolotopo} 마을에 칸가가 있고, 이것은 마을 광장에 한층 높이 제단처럼 만들어진 것이다. 칸가의 주변에는 숨바섬의 ① a식의 돌멘이 보이고, 관습가옥의 앞에도 많은 돌멘군이 있다. 또 바쿠^{Bahku}라고 불리는 대상장^{台上葬, 풍장의 일종}에 사용되는 고상가옥도 보인다. 돌멘군은 칸가 내부광장의 주변의 몇 군데에서 보이고, 2차장^{二次葬}으로 매장되었음이 분명하며, 지금도 일부지역에서는 돌멘을 조상의 영혼이 사는 곳으로 보고 신앙의 대

가다 바자와의 디소리토(플로레스)

엔데 워로토포 마을의 돌멘(플로레스)

제경(루텡, 플로레스)

상이 되고 있다. 엔데 리오지역에서는 가다에서 보였던 디소리토는 보이지 않고, 숨바섬과 아주 유사한 형태를 가진 북방식, 개석식 돌멘이 많이 남아 있다.

플로레스섬의 망가라이족, 가다족, 엔데족, 리오족과 숨바족은 돌멘뿐만 아니라 문화적으로도 공통되는 곳이 많아, 일찍이 이들이 같은 문화권에 속해 있었던 것이 아닐까라고 생각 된다. 플로레스섬망가라이 족, 가다족, 엔데족, 리오족과 숨바섬의 살아 있는 거석문화를 가진 사람들의 문화요소 중에서 공통되는 부분은 다음과 같다.

① 고지대 취락에 산다.
② 수전경작을 한다. 수전경작법은 산 경사면의 용수지점에 논을 만들어 거기에 다수의 물소를 몰아넣고 돌아다니게 해서 벼를 이식하는, 이른바 제경이다.

③ 관습가옥의 주변에 거석광장이 있다. 거석광장에서는 전쟁에 관련된 의례가 행해지고 일찍이 의식을 위해 다른 부족을 습격해 머리사냥을 했던 지역이 많다. 또 거석광장은 관습법에 의한 재판과 처벌을 행하는 곳이고, 또한 마을의 중대사를 결정하는 장소이다.

④ 신분계층이 있다. 신관, 평민, 노예가 존재한다.

⑤ 돌멘은 선조숭배와 관련되는 분묘이다. 어떤 특정한 사람 또는 선조를 기념하기 위해 만들었다고 하는 전통이 계승되고 있어, 숭배의 요소를 가지고 있다. 거석유적에는 영혼이나 신이 머문다고 믿는다. 돌멘의 조영은 훈공제연을 수반하고 대량의 가축이 제물로 바쳐진다.

⑥ 거석유적을 가지는 취락은 고지대에 위치하고 있음에도, 배를 암시하는 상징을 많이 가지고 있다. 선사시대의 수마트라섬 파세마 고원, 자바섬의 거석유적 등과 그 입지가 유사하다.

⑦ 개고기를 먹는다.

각 유적이 유력한 고고학적 근거를 가지지 않는 지금 단계에서는 인도네시아제도의 거석유적과 한국의 지석묘와의 연관지어봄에 있어서는 해결되지 않는 문제가 너무나도 많다. 한국과 인도네시아의 금줄, 석전, 성혈性穴, 석상, 입석, 지석묘 등 문화적으로 닮은 점도 적지 않다. 최근 한국의 고고학자나 문화인류학자 중에서 한국 남부지역의 문화와 인도네시아와의 관련성을 지적하는 연구자들이 늘어나고 있다. 인도네시아와 한국의 공통되는 문화의 비교연구는 앞으로 다양한 각도에서 재검토해야 할 필요가 있다고 생각한다.

참고문헌

하이네 겔더른 저, 이광규 역, 「메가리스 문제」(『문화재』, 1972).

이광규 편, 『한국 상고사의 쟁점』(일조각, 1975).

김병모, 『한국인의 발자취』(집문당, 1994).

이영문, 『한국 지석묘 사회 연구』(학연 문화사, 2002).

Heine-Geldern, Robert

1928. Megalithen SU dostasiens undihre Bedeutung furdie Klarungder Megalithen frage in Europaand Polynesian, Anthropos, T. XXIII.

1945. Prehistoric Researchinthe Netherlands Indies, in Scienceand Scientistsinthe NetherlandsIndies. (Eds.) Honigand F. Verdoor. NewYork.

1959. Das Megalithproblem, in Beitrage Osterreichszur Erforschungder Vergangenheitand Kulturges chichteder Menschheit.

Adams, M. J.

1969. System and Meaning in East Sumba Textile Design. Yale University Southeast Asia Studies.

Heekeren, H. R. van

1956. The Um Cemeteryat Melolo, East Sumba. Berita Dinas Purbakala Na3 1958 The Bronze Iron Age of Indonesia. S-Gravenhage. Soejono R. P.

1969. On Prehistoric Burial Methods in Indonesia, BARI, 7

1977. Sejarah Nasional Indonesia Jil. I Zaman Prasejarah di Indonesia. Jakarta, Balai Pustaka Sukendar Haris

1977. Penelitian Prasejarahdi Jumpangkulondan Sekitarnya, Jawa Barat, BPA, 10

1979. Laporan Penelitian Kepurbakalaan Daerah Lampung, BPALO

1987. *Discription on the Megalithic of the Indonesia*, Berkala Arkeologi 8-1:1-30.

Kaudern, W.

1983. Megalithic finds in Central Celebes, Ethn. StudiesCelebes, V. Goteborg.

馬淵東一

「東インドネシア・スンバ島の生活と習俗」(『えとのす』第6号, 1976).

鍵谷(旧姓小野)明子

「スンバ島西部における氏族と村」(『民族學研究』40/4 1976).

「スンバ島の婚姻慣行」(『社會人類學年報』3, 弘文堂, 1977).

「修羅をひく人々−スンバ島の巨石墓づくり」(『えとのす』13, 1980).

「心やさしき土地の主」(『南方文化』6, 1979).

吉田裕彦

「インドネシア・スンバ島東部の物質文化に見られる舟のモチーフとその周辺」(『民族學研究』45−3, 1980).

田村晃一編著『アジアの巨石文化—ドルメン支石墓』(六興出版, 1990).

賈 鍾壽

「スンバ島の巨石記念物」(『博物館年報』第23号, 1991).

「ナプ盆地の石造遺物」(『就實大學史學論集』第18号, 2003).

「니아스섬의 거석문화」(『선사와 고대』21호, 한국고대학회, 2004).

「スマトラ島パセマ高原の石像考」(『就實大學史學論集』第20号, 2005).

제 2 부

서숨바섬의 거석묘 만들기

도쿄조형대학 교수 가기야 아키코

01

들어가는 말

모태부의 돌을 운반하는 두 마리의 마두선馬頭船, 말 머리 배
(이하 군명을 기록하고 있는 사진 이외에는 모두 동와이제와 군임)

숨바인은 모든 것에 마라푸라고 하는 인격적 비인격적인 초자연적 힘이 깃들어 있다고 믿고 있다. 가장 중요한 고위의 마라푸는 그들의 전설상의 선조로, 선조제사를 중심으로 하는 애니미즘의 토착신앙이 신봉되고 있다. 다른 거석문화지대와 같이 이곳에서도 머리사냥, 「포틀 래치potlatch」적인 성격의 물소공양, 「Y」자형 공양기둥적의 목을 거는 기둥, 거석묘와 거석기념물 등 복합 거석문화가 보인다. 머리사냥이 폐절된 후에도, 선조제사에서 발달한 거석문화가 계속 유지되고 있다. 죽은 자는 분묘 돌멘에 매장되지만, 이전의 귀족층의 무덤서숨바이나 라자들의 무덤은 각각 고유의 이름과 장식을 가지고 있으며, 죽은 자의 기념물로서의 역할을 하고 있다.

하나의 머리를 가진 수라1974년 馬頭船

수라의 머리

돌지붕을 갖고 있는 귀족의 무덤

숨바의 선주민 「토지주인」의 오래된 무덤(라라타마 군)

권위가 있는 중핵마을의 경관
「Y」자형의 기둥이 적의 머리를 거는 나무이다.(타룽 마을)

마을의 중앙에는 거석광장이 있다. 신년제는 이 광장을 무대로 전개된다. 이 광장의 옆에는 「적의 목을 거는 나무Adung」가 있는 작은 광장이 하나 더 있고, 약 100년 전까지, 머리사냥의 제례 때에만 사용되었다. 지금도 지역에 따라, 지난날을 그리는 머리사냥 기념제가 행해지고 있다. 일찍이 씨족의 종가宗家의 수축과 개축라위 라토 의례 때에는 새로운 적의 목이 필요하여 머리사냥이 행해졌지만, 가내노예의 인신공양도 동시에 행해졌다. 머리사냥은 전승을 축하하는 라위 라토와 타우카토다 축제와 항상 함께 하였고, 숨바의 가장 중요한 대제례였다.

신년제 포두(로우리 군)

신년제 포두(로우리 군)

지석묘 석재 운반

고대 사람들은 어떻게 거대한 고분을 만들었을까? 오사카부 후지이데라大阪府藤井寺에서 출토된 수라修羅는 고대의 거석운반 도구로서 주목되고 있다.

동인도네시아의 숨바섬에서는 지금도 수라와 같은 운반구를 이용하여, 거석묘를 만들고 있다. 이 섬은 일본과 매우 공통된 문화요소를 계속 유지하고 있고, 일본의 고대문화를 해명하는 데에 중요한 실마리를 준다. 본론은 1979년에 행해진 거석묘 만들기의 실체와 그 사회적 배경을 소개하고자 한다.

본론은 필자에 의한 과거 세 번에 걸친 서부 숨바섬 조사의 성과에 기초한다. 최근 오사카부 후지이데라에서 발굴되어 화제가 된 고대의 운반용구 수라와 거의 같은 형태와 기능을 갖고 있는 거석을 나르는 목재 운반구가 숨바섬에서는 아직도 사용되고 있다. 즉, 숨바에서는 아직「살아 있는 거석문화」를 볼 수 있는 것이다. 1979년 여름8~10월에 실시한 세 번째의 조사에서 운 좋게 두 번 정도 숨바섬에서 수라가 등장하는「우파차라 타릭 바투」라고 불리는 거석을 끄는 행사를 거의 전 과정에 걸쳐 관찰할 수 있었다. 따라서 이 행사를 중심으로 숨바인의 생활문화에 대해 소개하고자 한다.

1. 아직도 수라를 끄는 사람들

1974년 처음으로 숨바를 방문했을 때, 매우 우연한 기회에 거석을 끄는 행사의 일부를 목격하였다. 그 당시 수라는 아직 남아 있었고, 1979년 그것이 마침 버스가 지나가는 큰 길 옆에 놓여 있어서 반가운 재회를 했다. 이것은 전체적으로 빈곤한 숨바에서 거석묘의 조영은 천문학적인 비용이 드는 행사이며, 조영주의 경제적 사정에 따라 한번에 행할 수가 없으므로 돈을 모아 조금씩 작업을 진행하여 몇 년에 걸쳐 행해지는 것이 일반적이다. 또한, 거석묘는 경제적 사정이 허용되면 생전에 자신의 묘를 조영해 두기도 하지만, 사후 몇 년이 지나고 난 후에야 겨우 조영되는 것이 보통이다. 5년 전1974년 수라는 덮개돌을 얹은 채 비를 맞게 내버려 두고 있었

1970년대까지는 기독교도의 유해는 마라푸의 신자가 매장된 돌멘에 함께 매장되지 않았다.

고, 언제 작업이 끝날지 짐작되지 않는다고 마을사람들은 말하고 있었다.

최근, 애니미즘적인 토착신앙으로부터 기독교로의 개종이 늘어남에 따라 비용이 매우 적게 드는 시멘트로 무덤을 조영하는 경향이 커지고 있다. 그래도 사람들은 거석을 끈다. 관습법에 의하면, 토착신앙의 신봉자는 거석묘에 매장되지 않으면 안 된다고 생각하고 있다. 1970년대까지는 기독교도의 유해는 별도의 무덤을 만들지 않을 경우 거석묘 전면前面의 흙 안에 묻어 결코 마라푸의 신자가 매장된 돌멘에 함께 매장되지 않았다.

2. 두 개의 머리를 가진 수라

일본에서 수라가 발굴되어 다시 한번 숨바의 수라를 재인식해 본 것이지만, 이번에 처음으로 수라의 머리는 한 개에 한하지 않고, 두 개의 머리를 가진 것도 있다는 것을 알았다.

서숨바의 수라는 숨바어로 테나Tena, 배라는 의미, 또는 말馬이라고 부르고 있다. 앞이 길고 말의 머리 모양으로 깎아져 있다. 즉 말머리의 「배」이다. 왜 수라에 머리가 붙어 있는가 하면, 평지의 경우는 문제가 없지만 기복이 많은 서숨바의 지형에서는 먼 산으로부터 돌을 잘라내어 끌고 올 때 머리 부분으로 조절을 하여 진행방향을 항상 일정하게 하고, 가능한 한 단시간에 거석을 운반해야 하기 때문이다. 그리고 비교적 평탄한 지형에서는 두 개의 머리를 가진 수라 쪽이 좀더 기동력이 좋고, 험한 길에서 운반할 경우에는 두 개의 머리를 가진 수라로는 방향이 일정하지 않기 때문에 한 개의 머리를 가진 수라를 이용하는 것이다. 덧붙이면, 평탄부가 많은 동숨바의 수라는 대체적으로 Y자형으로 조립한 단순한 형태이다. 1979년 여름 관찰할 수 있었던 수라는 하나가 두 개의 머리를 가진 수라, 하나가 한 개의 머리를 가진 수라馬頭船였다.

3. 사라져 가는 거석을 끄는 행사

최근, 근대화가 진행됨에 따라 이곳 숨바에서도 전통적인 행사의례가 자취를 감추어 가고 있다. 이 거석을 끄는 행사도 예외가 아니고, 거석묘에서 시멘트묘로, 인력에서 트럭의 사용으로 바뀌어 가는 가운데 점차로 볼 수 없게 되었다. 그러나 그럼에도 불구하고 아직 서숨바 7군 가운데 4군로우리 군, 동와이제와 군, 서와이제와 군, 코디 군에서 거석을 끄는 행사를 볼 수 있다. 숨바에는 마부치도이치馬淵東一가 이미 소개한 로우리 군의 신년제 「포두」, 이전에 NHK 텔레비전으로 방영된 코디 군의 전통 기마전 「파소라」 등 관광객을 끌어모으는 화려한 축제가 있다.

그러나 거석묘 조영행사는 누군가에게 선전하는 것이 아니라 가까운 친족 이웃 집단 사이에서 조용하게 예로부터 계속되어 왔다. 따라서 언제, 어디서 이 행사를 하는지에 관한 정보를 얻는 것이 어렵고, 또한 이러한 거석묘 조영행사는 항상 매우 늦어진다. 이번과 같이 단기간 동안에 두 마을에서, 그것도 전 과정을 관찰할 수 있었던 것은 행운이라고 하지 않을 수 없다. 하나의 예가 「동와이제와 군」, 또 하나의 예가 「로우리 군」에서 행해진 것이다. 두 개의 머리를 가진 수라를 사용한 거석묘의 조영이 거의 한 달, 머리가 하나인 수라를 사용한 것은 채석장과 묘지가 몇 km 떨어져 있지 않았던 관계로 하루에 전부 끝났다. 하지만 양쪽 사례 모두 분

「토지 주인」 씨족의 성스러운 집 = 종가宗家
일반 마을사람들의 출입은 금기taboo되고 있다.

촌分村이었던 탓도 있고, 거석묘도 조금 작은 듯한 것으로, 동원된 일손도 하루에 150명 전후였다. 매년, 경제성을 생각하여 가능한 한 단기간에 한 번에 끝내려 하는 경향이 강해져 왔다고 한다. 물론 나르는 돌의 크기, 채석장으로부터 소정의 묘지까지의 거리, 동원하는 노동력에 의해 좌우되는 것은 말할 필요도 없다.

서숨바의 지석묘 사회

1. 수라와 거석문화권

인도네시아는 하이네 겔더른HeineGeldern의 연구로 잘 알려진 것처럼, 동부 거석지대에 속하고, 거석문화를 가진 지역이 많이 산재해 있다. 그러나 필자가 여러 가지 들어본 바로는, 수라를 이용해 거석묘를 조영하고 있는 지역은 숨바섬뿐인 것 같다. 하이네 겔더른이 「기괴奇怪」하다고 말한 듯이 숨바의 거석문화는 실로 그 내용이 복잡다양하고, 계통론적으로도 불분명한 부분이 많다.

거석묘는 보통, 안을 파낸 모태부석관 위에 평평한 덮개돌을 조합시킨 것이다. 그러나 서부에서도 가장 서쪽 끝인 코디 군의 무덤은 덮개돌과 네 장의 벽면용의 돌을 조합시킨 탁자식 지석묘이다. 이 외에도 다른 형태의 무덤들이 많이 존재하고, 예전에는 신분에 따라 명확하게 무덤의 형태가 달랐다. 귀족층의 무덤은 보통 무덤의 외측에 네 개의 다리로 떠받치고 있는 돌지붕石屋根이 있고, 유달리 웅장하고 화려한 것에 비해, 노예층의 무덤은 지면을 조금 파낸 구멍 위에 평평한 개석을 올린 것뿐이다.

1979년 여름은 주로 숨바의 선주민 「토지의 주인」을 찾아보았다. 거기에서, 토지 주인 씨족의 선조무덤, 즉 서숨바에서 가장 오래된 형태의 무덤을 볼 수 있었는데, 그것은 크고 평평한 상석 밑에 작은 받침돌을 많이 놓아 만든, 단순한 분묘 돌멘으로, 이른바 구로시오권黑潮圈 오스트로네시아Austronesian어족의 문화로 널리 알려져 있는 바둑판식 지석묘였다. 게다가, 무덤에 있는 조각이나 돌의 장식, 기념물류에 이르기까지 전부 셀 수 없을 정도로 다종다양해서, 새로운 마을을 방문할 때마다, 이번에는 어떤 것을 볼 수 있을까 하고 항상 가슴이 두근거렸다.

2. 일본과 유사한 마을 · 집의 구성

서숨바의 전통적인 마을 간에는 매우 엄격한 계층제Hierarchy가 형성되고 있어, 이른바 마을의 격은, 분묘의 형태나 기념물 등을 보면, 거의 짐작할 수 있는 구조로 되어 있다. 권위가 있고 많은 분촌을 가지고 있는 중핵마을은 예전의 머리사냥에 대비해, 모두 높은 산 위에 입지하고, 관습가옥군이 거석광장을 중심으로 돌멘 분묘군을 둘러싼 것과 같은 모양으로 근접하여 세워져 있다. 관습가옥의 지붕은 숨바 특유의 높은 지붕으로, 키가 낮은 분가分家의 가옥과 쉽게 구별된다. 또한, 거석광장의 중앙에는 두 갈래의 기둥이 있고, 과거 머리사냥의 자취를 남기고 있어, 시정詩情 풍부한 신비성을 띠고 있다. 중핵촌 내의 관습가옥군 사이에도 엄격한 가문의 품격의 계층성이 보인다. 예를 들면 라자首長에 해당하는 종가宗家, 그 대변인 spokesman의 가옥, 전쟁 리더이며 목가설의 나무를 관리하는 가옥 등이 빼놓을 수 없는 관습가옥으로서 한 개의 피라미드를 구성하고 있다. 가장 가문의 품격이 높은 성스러운 집—종가의 기둥은 권위의 상징으로서, 재질조각도 특별하다. 이와

남자 재산, 여자 재산을 나르는 혼족婚族의 행렬

관련하여, 숨바에 네 개의 대축제씨족제례 중 최대의 제례는 라위 라토Rawi Rato라고 하는 것으로, 선조제사의 성격을 갖는 종가의 수개축이다. 이 제례에서 각각의 집이 하는 역할이, 즉 그 집의 격식을 나타내는 것이다. 일본의 미야자宮座와 유사되는 제도이다. 상술할 여유는 없지만, 숨바집은 특별한 가문의 명예, 세습적인 직무 능력, 대지의 중시, 분할 불가능한 가보의 존재, 부계의 직계가족 구성 등 놀라울 정도로 일본의 집제도와 유사한 성격을 가지고 있다.

3. 수라를 끄는 사람들의 사회

근대화가 진행되고 있다고는 해도, 적어도 씨족의 중핵마을을 보는 한 전통적인 제례가 이미 유명무실해지거나 소멸해 버렸더라도, 제례에 있어서의 역할이 있는 특정 신분의 상하관계는 아직도 사람들의 의식과 행동 속에 강하게 배어 있다. 실제로, 관습법의 중압은 상상 이상의 것으로, 지난 날 백 수십 호의 집들을 가지고 있었던 영광의 중핵마을도 지금은 불과 10% 정도의 집만이 남아 있고, 그 외의 집들은 밭에 가깝고, 농작업에 편리한 장소에 분촌을 만들거나 반영구적인 오두막집을 만들어 모두 전출해 버렸다. 경제적인 사정은 물론 머리사냥의 폐절, 근대화의 영향을 받음에 따라, 막대한 비용이 드는 제례나, 신분관계에 매여 질식할 것 같은 환경으로부터 탈출을 시도한 결과라고 생각된다. 남은 집들도 서로 긴장관계를 유지하고 있는 곳이 적지 않다. 서숨바에서는 해마다 토지의 경계를 두고 다툼이 벌어져 씨족 간의 갈등은 상상 이상으로 심각하며, 서숨바의 마을들은 물심양면으로 황폐해져 가고 있다.

안타깝게도 거석을 끄는 행사에서도 그러한 현상이 나타나고 있었다. 한 예로, 거의 한 달에 걸치는 작업과정에서 두 번 정도 큰 싸움이 있었는데, 하나는 실제 형제 간 노동력을 제공해 준 마을사람들에게 내놓는 식사에 물소를 도살할지 안할지에 대한 싸움으로, 서로 칼을 빼는 소동이었다. 왕족의 권위가 남아 있는 동숨바와 다르게, 서숨바에서는 거석묘의 조영은 마을사람 간에 마을이라고 하는 지연을 축으로 상호부조에 의해 행해진다. 거석을 끄는 데는 보통 하루에 몇 백 명의 일손이 필요하기 때문에, 하나의 마을에서 사람들을 전부 조달할 수 없고, 이웃의 몇 개 마을에 도와줄 사람을 부탁하게 된다. 중핵마을의 경우에는 수많은 분촌으로부터 많은 사람들이 급히 달려오기 때문에 그 필요성이 적지만, 분촌의 경우에는 필연적으로 그렇게 하지 않으면 안 되며, 지역에 따라서는 선조 대대로 적대 관계에 있는 씨족의 멤버들이 만나게 된다. 내가 목격한 것이 그러한 예였지만, 그 기간 휴전이라고 하더라도 현실적으로는 그렇지 않고, 계속 말다툼에 이어서 싸움이 끊어지지 않아 자주 작업이 중단된다.

인도네시아에서는 숨바인이 기질이 거칠고 가축공양을 매우 많이 하는 피를 좋아하는 사람들로 알려져 있어, 실제 지금도 씨족 간의 피비린내 나는 싸움이 주기적으로 되풀이되고 있다. 과격한 기질, 지기 싫어하는 성격, 권위주의, 그리고 현실은 가난하지만 허세를 부리는 성격이 단지 숨바 주민의 약 70%가 애니미즘적인 토착신앙의 신봉자라고 하는 이유뿐만 아니라, 거석을 끄는 행사를 오늘날까지 존속시켜 온 큰 요인이라고 말할 수 있을 것이다.

거석무덤의 조영에 참여하는 사람들 중에서도, 친인척의 역할은 중요하다. 동인도네시아는 씨족 외혼제이며, 대대로 며느리를 맞이하는 씨족과 며느리를 보내는 씨족이 특별히 정해져 있는 순환혼 또는 비대칭혼非對稱婚 지대이다. 이곳 숨바섬에서도 친인척 간의 관계는 매우 중요한 것으로 생각되고 있으며, 일이 있을 때마다 강조된다.

양자의 권리와 의무의 내용은 전통적으로 결정되어 있다. 제례 때, 즉 거석을 끄는 행사에 있어서도, 며느리를 보내는 씨족은 수직천인 살롱여성용 전통의상, 돼지女財를 지참하고, 며느리를 맞이하는 씨족은 물소, 소, 말, 마물리금제 귀걸이, 창, 칼男財을 갖고 가는 것이 관습이다. 거석을 끌 때 보내진 수직천 몇 장은 거석이나 수라에게 매어져, 마치 배의 돛과 같이 펄럭여 깊은 정서를 자아낸다. 이러한 의례적 선물은 근대적 교역 시스템이 결여된 섬의 경제활성화에 있어서 빼놓을 수 없는 것이다.

서숨바의 거석묘 조영의 실체

필자가 관찰한 거석묘 조영의 실제를 바탕으로 돌멘용 석재의 채석, 수라의 제작으로부터 거석묘로 유해를 안치하는 것에 이르기까지 일련의 과정에 대하여 구체적으로 사진과 함께 설명하고자 한다.

1. 돌멘dolmen용 석재의 채석

우선, 돌멘용 석재의 채석에 관해서인데, 암석은 씨족마다 특정한 산지에서 전통적으로 구하는 것이 보통이었지만, 최근에는 가능한 한 가까운 곳에서 적당한 것을 찾는다.

〈사진 1〉과 같이, 채석은 저부底部를 잘라내는 데도 상당히 위험이 수반되는 작업이다. 여러 명의 사람들이 약 2주일 동안에 중간 정도 크기의 개석을 잘라낼 수 있다. 한 군데에 너무 큰 구멍을 뚫는 것을 좋아하지 않기 때문에, 덮개돌과 모태부의 돌은 따로 따로 다른 장소에서 조달된다. 암석이 수라에 얹어져 끌어내진 후

〈사진 1〉 돌을 잘라내는 현장(로우리 군)

〈사진 2〉 머리가 한 개인 수라 제작(로우리 군)

에 토지의 신에게 닭이 바쳐진다. 보통 그 뒤에, 암석을 잘라낸 토지의 소유자에게 조영주로부터 사례로서, 한 마리의 말馬과 한 자루의 칼이 보내진다. 그리고 토지의 소유자도 조영주에게 한 장의 수직천과 살롱, 한 마리의 닭으로 답례한다. 어떠한 경우라도, 보내기만 하고 받기만 하는 것이 아니라 상호 보답성의 원리에 따른다. 잘라낸 암석은, 수라에게 얹기 좋도록 미리 세워서 둔다〈〈사진 2〉〉.

2. 수라의 제작

서숨바의 수라는 머리가 하나든 두 개이든 말머리를 갖기 위해 구부러진 상태가 좋은 적당한 나무를 찾는 것이 우선이므로, 평상시에 쓸 만한 나무를 정해 둔다. 때로는 드물게 최근 사용해 아직 사용할 수 있는 다른 집의 수라를 빌리는 경우도 있다. 머리가 한 개인 수라는, 말머리 부분을 포함한 긴 나무와 짧은 나무를 조합시켜서 만든다(〈사진 3〉, 〈사진 4〉). 모태부의 돌이 우선 소정의 묘지까지 옮겨지면, 그 다음에 운반해야 하는 덮개돌이 놓여 있는 장소가 멀 경우 수라 자체가 상당한 중량이 있기 때문에, 그 자리에서 해체하여 한 번 더 현장에서 조립하여 사용된다(〈사진 5〉). 수라의 크기는 돌의 크기에 비례해서 여러 가지이지만, 보통 길이 5~7m 정도이다. 수라에 이용되는 나무의 재질은 전통적으로 결정되어 있어, 단단한 「쿠라파」나 「낭카」의 나무가 이용된다. 그러나 쿠라파는 휘어진 상태가 좋은 나무를 찾는 것이 매우 어렵기 때문에 자연히 낭카가 많이 이용된다. 또한 쿠라파는 30년 정도인 것은 약해서 40~50년 된 나무를 찾지 않으면 안 된다고 한다. 낭카의 경우는 그다지 문제가 없고, 10~15년 정도의 나무라도 충분히 그 사용에 견뎌낸다.

〈사진 3〉 미리 세워 놓은 개석(동와이제와 군)

〈사진 4〉 줄을 매는 데 쓰이는 수라의 구멍(로우리 군)

〈사진 5〉해체되어 한번 더 사용하기 위해 옮겨지는 수라(동와이제와 군)

3. 수라 끌기

채석장에서 미리 세워 놓았던 거석은 수라 위에 쓰러뜨리는데, 그 때의 충격을 완화시키기 위해 바나나 나무와 같은 부드러운 것을 수라 위에 깔아 쿠션의 역할을 하게 한다. 이 작업은 대단한 숙련을 필요로 한다. 거석이 수라에 잘 얹어지지 않으면, 몇 시간에 걸쳐 거석의 위치를 수정하지 않으면 안 된다. 쓰러뜨려진 거석은, 대단히 유연한 「토와」라고 하는 칡넝쿨나무로 수라의 좌우에 있는 여섯 개의 구멍을 통해 확실히 고정된다. 이 토와는 가는 것, 굵은 것 등 많이 있고, 굵은 토와는 방향이나 위치 수정의 도구로서, 또한 끄는 줄로서 사용된다. 그리고 「가와타」라고 불리는 통나무의 굴림대를 늘어놓고 위를 미끄러지게 하면서 거석은 옮겨지는 것이다(〈사진 6〉, 〈사진 7〉, 〈사진 8〉, 〈사진 9〉). 사람들이 끌기 위한 줄을 위한 구멍은 수라의 전방에 두 개씩 뚫려 있다. 사람들은 좌우 2열씩 4대隊와, 말머리 부분의 줄을 끌어당기는 2소대의 여섯 팀으로 나뉘고, 일제히 진행방향으로 전력을 다하여 거석을 잡아당겨 간다.

그런데 보통 몇백 명과거에는 하루 3,000명이라고 하는 예가 있다의 마을사람을 동원하는 이 행사에는 당연히 리더가 필요하다. 한 사람 또는 몇 명의 리더가 거석 위에 오르고, 지휘봉 아닌 잎이 붙은 작은 가지를 흔들며, 전통적으로 정해진 몇 종류의 구호를 리드미컬하게 외치며 간다(〈사진 10〉). 중핵마을의 신관라토가 리더가 되어, 하나의 흐트러짐 없이 정연히 돌 끌기 작업이 진행된다.

〈사진 6〉 돌멘 개석의 운반작업(동와이제와 군)

〈사진 7〉 돌멘 개석의 운반작업(동와이제와 군)

〈사진 8〉 돌멘 개석의 운반작업(동와이제와 군)

〈사진 9〉 친인척으로부터 보내온 천을 돛과 같이 펄럭이면서 마을로 운반된 거석(로우리 군)

〈사진 10〉 거석 위에 올라가 작은 나뭇가지를 흔들며 구호를 외치는 리더(동와이제와 군)

〈사진 11〉 춤을 추며 운반작업의 사기를 높이는 남녀들(동와이제와 군)

그러나 그 밖의 경우에는 특정의 리더는 없고, 자신의 목소리에 자신이 있는 자가 차례차례로 거석 위에 올라, 혼란을 초래하는 일도 드물지 않다. 일하는 사람들 가운데 게으름 피우는 사람은, 몇 명의 서브리더sub leader로부터 자주 나뭇가지 채찍으로 엉덩이를 맞는다. 여자나 어린아이는 직접 돌을 끌 수는 없지만 줄줄이 뒤에 따라 간다. 특히 여자들 중 몇 사람은 아름답게 몸치장을 하며, 때때로 춤을 추어 남자들의 사기를 높인다. 연로한 여성들 중에는 흥분해서 함께 춤추는 사람도 있다(〈사진 11〉).

그런데 일하는 많은 사람들을 먹이는 것 또한 대단한 일이다. 조영주는 거석 묘가 완성될 때까지의 전 기간에 걸쳐 하루에 몇 마리의 소나 돼지를 도축하여 노동력을 제공해 준 사람들에게 식사로 제공하는 동시에, 노동력의 대가로 고기를 분배해 주어야 한다. 그리고 거석묘 완성의 새벽녘에는 더욱 더 출비가 필요한데, 물소를 주로 하는 많은 가축들이 공양되어 연회가 개최된다.

4. 거석무덤의 조영과 유해의 매장

최종단계에는 모태부의 암석에 덮개돌을 얹는데, 전면에 긴 통나무를 모체부의 상부에 걸고 전에 설명한 토와를 이용해서 능숙하게 잡아당겨 올린다(〈사진 12〉, 〈사진 13〉). 그러나 코디 군에서는 다른 지역과 다른 방법으로 거석묘가 조영되어 있다.

최초에 덮개돌을 통나무로 가설한 대 위에 잡아당겨 올려 준비해 두고, 나중의 적당한 때에 벽면이 되는 석판을 사방에서 끼워 넣어 돌무덤을 만들고 있다(〈사진 14〉).

유해의 매장은 매장이라고 해도 사후 몇 년이나 지나고 나서 무덤이 조영되기 때문에, 다른 무덤에 가매장되어 이미 백골화된 것을 이장하는 것이 된다2차장. 거석무덤의 완성 후, 즉 모태부의 돌과 덮개돌이 짝지어진 후, 몇 주 후 다시 덮개돌을 열어 이장하는 것이다.

그런데, 특별한 덮개돌을 사용한 고급 거석무덤이 있다. 가장 양질의 덮개돌은, 동숨바 타분돈 군의 바다에 접한 타림방 지방에서 채석된 매우 매끈매끈하여 깨지는 일이 없는 경도가 높은 아름다운 돌이다. 이 덮개돌을 얻기 위해서는, 이 돌의 채석권을 갖는 씨족에게 중간 정도의 크기의 덮개돌의 대가로서 물소와 말을 합해 스물다섯 마리를 지불해야 한다. 타림방에서 채굴된 돌은 배로 서숨바 루와 군의 티다스라는 곳의 해변 가까운 장소에 옮겨져 늘어놓여 있다(〈사진 15〉, 〈사진 16〉).

돌을 나르는 배는 현재 두 척이고, 그 중 큰 한 척은 길이 8m로, 한 번에 중간

〈사진 12〉 덮개돌을 올리는 작업(동와이제와 군)

〈사진 13〉 덮개돌을 올리는 작업(동와이제와 군)

〈사진 14〉 미리 통나무로 가설한 대 위에 준비된 덮개돌(코디 군)

〈사진 15〉 오른쪽에 어느 오두막집이, 돌을 나르는 배의 격납고(루와 군)

〈사진 16〉 타림방의 덮개돌(루와 군)

〈사진 17〉 타림방의 돌을 사용한 거석묘와 기념물(루와 군)

정도의 돌일 경우 일곱 개의 석재를 나를 수 있다고 한다. 돌멘용 석재는 1년에 걸쳐 채석되어 루와 사람들은 타림방 사람의 지시를 받고, 30개 정도의 덮개돌을 잘라낸다. 다음해 동서풍의 바람이 있는 여름철에 이것들을 수차례에 걸쳐 나르는 것이다. 타림방으로부터 티다스까지는 보통 약 3일의 항해이지만, 과거에 몇 번이나 바다에서 조난사고가 있었다고 한다. 이것뿐만 아니라, 무거운 거석을 다루는 것은 매우 위험한 작업으로, 통상의 거석묘 조영작업에 있어서도 밑에 깔려 죽는 사람들이 현재도 여전히 끊이지 않는다. 그리고 해변에 늘어놓은 타림방의 돌은 하나둘 매입되어 가, 일 년이면 대체로 다 팔린다고 한다. 이 아름다운 덮개돌을 사용한 거석묘의 조영은, 숨바인들이 모두 갖는 꿈이다(〈사진 17〉).

거석묘의 조영은 숨바인들에게 있어서 부와 권위의 상징으로서 매우 중요한 의미를 가지며, 아무리 무리를 하더라도 이루어야 하는 것이다.

나가는 말

숨바섬은 인도네시아에서도 거의 관심이 없는 섬이다. 일본에서도 이 섬의 이름을 아는 사람은 적고, 그 문화에 대해서는 전혀 소개되지 않았다. 그러나 멀리 떨어진 이 섬과 일본을 연결하는 많은 공통점을 찾아볼 수 있다.

이 보고에서는 언급할 수 없었지만, 직물의 기법, 고상주거 양식, 언어에 공통된 문화요소가 보인다. 이미 언급한 제사조직, 집제도, 바둑판식 지석묘나 수라를 갖는 거석문화의 이 섬의 문화가 일본의 기층문화에 있어서의 동남아시아계 요소의 연구에 있어서 유익한 시사를 주는 것은 논의할 여지가 없다. 그리고 앞으로 넓게는 이른바 구로시오권黑潮圈, 오스트로네시아어족의 문화 안의 양자兩者에 위치를 부여해 가는 작업이 필요하게 될 것이다.

숨바에서는 죽은 사람의 영혼은 사후 말을 타고 소속 씨족의 모향母鄕, 즉 발상지섬 내의 성스러운 산에 돌아가 간다고 믿고 있다. 그들의 선조제사 중 하나인 새해 축제 포두에서는 선조의 영혼이 탈 것으로서 말의 가죽을 사용했다고 전해지는 제구祭具가 등장한다. 또한, 동숨바 라자의 장례식에도 아름답게 장식된 말이 죽은 라자의 영혼을 저 세상으로 보내는 역할을 하기 위해 제물로 바쳐진다.

숨바의 수라는 테나배라고 불리는 「마두선馬頭船, 말머리 배」인데, 배가 인도네시아 민족의 사생관 속에 자주 등장하는 것, 또한 어머니의 땅에 되돌아가기 위해서 배

〈사진 18〉 라자의 장례식에 제물로 바쳐지는 말(동숨바 칸베라 군)

에 매장하는 배장舟葬의 형식 등은 잘 알려져 있다. 배에 태운다고 하는 것은 보낸다고 하는 것을 의미하고, 숨바의 수라에서 인간계와 정신세계를 연결하는 교통수단, 이 세상에서 저 세상으로 건너가는 배로서의 성격을 인정할 수 있다. 그러나 배와 말과의 관계는 아직 명확하지 않고, 숨바인의 사생관의 조사와 연구는 앞으로의 과제이다. 숨바의 신격화된 시조들은, 하늘로부터 내려왔으며 배를 타고 바다 저편의 성스러운 나라로부터 내도來島했다고도 전해지고 있다. 후자의 전설을 뒷받침하는 기념물로서의 돌의 배를 거석광장에 갖고 있는 중핵마을도 있다.

제3부

동숨바섬의 거석문화

– 1975년에 진행된 돌 끌기 행사 –

텐리참고관 학예원 요시다 야스히코

들어가는 말

고대유적으로부터 출토하는 또는, 노출한 고대유적에 남아 있는 자연석을 조합시켜 만들어진 구축물이나, 자연석의 일부를 가공하여 만든 석조 구축물로 이루어진 유적이나 석상을 거석기념물megalithic monument이라고 한다. 그리고 거석기념물을 만들어 낸 사람들의 문화를 우리는 거석문화라고 명명하고 있다. 거석기념물의 대부분은 지금으로부터 3000~4000년이나 전의 것으로 단일구조나 열석 등의 집합체 형태의 것, 스톤헨지Stonehenge나 돌멘dolmen과 같은 건조물에 가까운 형태의 것들을 가리키고, 이러한 것들은 전세계에 분포하고 있다.

「거석기념물巨石記念物」이라고 하는 명칭은, 유사 이래의 모든 석조 건조물에 적용할 수도 있지만, 특히, 신석기시대로부터 초기 금속기金屬器시대까지의 거석 사용을 특징으로 하는 구축물에 대해서 「거석 사용」을 강조하여, 이렇게 부르는 경우가 많다. 일반적으로 [환상열석stone circle], [열석alignements], [돌멘dolmen], [멘히르menhir]로 분류되고, 생활과 문화적 배경으로부터 각각 분묘, 제사장, 기념비로 세워졌다고 여겨진다.

「거석문화」라고 하면, 영국의 스톤헨지Stonehenge나 이스터섬Easter Island의 모아이 상, 한국의 고인돌支石墓과 같은 돌멘dolmen을 비롯하여 수많은 고대유적이 유명하다. 이집트의 피라미드도 이에 해당할 것이다. 일본에서는 조금 시대는 늦지만,

고분시대에 축조된 거대고분의 석실이나, 중세에 축성된 성벽의 돌담을 쌓아올린 사람들의 문화도 거석문화라고 칭하기도 한다. 현재의 기술력으로도 곤란할 것으로 여겨지는 것을 당시의 사람들이 어떻게, 어떤 생각으로 만들어 낸 것일까? 인간의 힘이 미치지 않는 거대한 자연계의 창조물인 산, 거석, 거목에 대하여, 고대인은 자신이 믿는 신의 존재를 인정하고, 그것을 마음의 의지할 곳으로 생각하고 있었다고 생각해도 좋을 것이다.

고고학은 출토유물을 상황증거로서 축적하고 고대사회의 생활문화를 재구축하는 학문이라고 필자는 이해하지만, 거석문화에 관한 연구는 매우 불분명한 점이 많고, 그 전체 내용이 해명되지 않은 것이 현실이다.

한국에서는 청동기시대를 대표하는 무덤의 하나로서, 몇 개의 지석支石 위에 상석을 올린 돌멘 형태의 고인돌이 전국에 약 3만 기 남짓 분포하고 있다. 그 중에서 고창, 화순, 강화 세 군데의 유적은 세계유산으로 등록되어 있다. 이 세 유적은 밀집분포도나 형식의 다양성에서도, 또한 고인돌의 형성과 발전과정을 규명하기 위해서도 중요한 유적으로 알려져 있으며, 아울러 선사시대의 문화성을 파악할 수 있을 뿐만 아니라, 사회구조나 정치체계는 물론 당시 사람들의 정신세계를 엿볼 수 있다는 점에서도, 선사시대 연구에 중요한 자료가 되는, 보존가치가 높은 유적으로 여겨지고 있다. 「고창 고인돌 유적」은 한국에서도 가장 많은 고인돌이 모여 있는 지역으로, 전라북도 고창군의 동서 약 1,700m의 범위에 442개의 고인돌이 분포하고, 또한 「화순 고인돌 유적」은 전라남도 화순군의 계곡을 따라 약 10km에 걸친 500개의 고인돌이 모여 있다. 또한 「강화 고인돌 유적」은 인천광역시 강화군의 산을 따라 약 120개의 고인돌이 분포하고, 이곳에는 길이 7.1m, 높이 2.6m의 한국 최대의 고인돌 「북방식 지석묘」가 있다.

또한, 일본에서도 야요이彌生 시대 전기경에 한반도로부터 전래되었다고 생각되는 지석묘가 북서부 규슈九州 연안일 대에 남아 있어, 돌멘의 건립이 일본에서도 널리 퍼졌던 흔적을 찾아볼 수 있다. 그리고 거석을 쌓아올려 거대한 분묘를 만든 일본의 전통은 고분시대로부터 아스카飛鳥 시대에 걸쳐서 크게 꽃피게 된다. 그 외, 아키타현秋田縣 「오유大湯의 환상열석」이나, 오타루小樽의 「오쇼로忍路 환상열석」 등의 스톤 서클stone circle과 「~석」 등으로 이름 붙여진 거석유적을 섬기는 토착신앙이 일본 각지에 남아 있다.

그런데 이러한 고대의 거석기념물은 어떻게 만들어진 것일까? 그 배경이 되는 고대인의 생활양식은 어떠한 것이었는지에 대해 유적조사를 주로 하는 고고학상의 수법으로 살펴보는 것은 곤란하여, 세계 각지에 남아 있는 민족학 사례를 참고로 하여 재구축하는 수단이 행해지고 있다.

필자는 이제까지 일본의 야요이彌生 시대에서부터 고분시대에 걸쳐 거석분묘를

채석장 아래에서 행해지는 거석의 짐 꾸리기(1975년 8월 파오 마을, 동숨바)

만들어 낸 벼농사사회의 문화를 살펴보는 동시에, 인도네시아에 있는 숨바섬의 거석문화가 많은 참고가 되는 것을 제언해 왔다. 숨바섬에서는 최근까지 거석무덤인 돌멘의 조형의례造形儀禮나 장송의례葬送儀禮가 행해지고 있었다. 거석을 잘라내는 것부터 운반, 건립에 이르기까지 근대적인 중기重機를 하나도 사용하지 않고 모든 것을 인력人力으로 행하는 그러한 기법은 한국과 일본의 고대사회에 있어서도 이러했을지도 모른다고 생각되는 행사 내용에 큰 힌트를 주어 왔기 때문이었다.

이것은 한국의 고인돌문화를 생각할 경우 더 유효하지 않을까라고 필자는 느끼고 있다. 일본보다도 건조도가 강한 한반도의 기후가, 보다 건조한 건조기후 아래 있는 숨바섬의 기상조건에 근접할 뿐만 아니라, 노출된 지석묘 고인돌은 크기도 형식도 대부분이 숨바사회의 돌멘과 같은 점에서도 공통되는 사례가 더욱 많아질 것으로 생각된다.

본론에서는 한국의 고인돌 문화를 생각하는 일조로서 1975년 8월에 동숨바의 메로로에서 우연히 경험한 돌 끌기 행사를 상기하여 소개하고, 숨바섬의 거석문화의 일단을 기록하는 것으로 한다.

거석문화가 숨쉬고 있는 섬, 숨바

인도네시아의 동부, 발리섬과 이리안자야[뉴기니섬]와의 사이에, 목걸이로 장식한 보석과 같이 크고 작은 약 1,000여 개의 많은 섬들이 흩어져 있다.

인도네시아에서는 이 섬들을 「남동의 섬들」이라는 의미의 「누사텡가라Nusa Tenggara」라고 부르고 있지만, 숨바섬은 이 제도諸島의 중간 정도의 남측에 위치하고 있다.

숨바섬의 면적은 1만 1,911km². 인도네시아의 행정구분에 따르면 누사텡가라ㆍ티모르 주州, Propinsi Nusa Tenngara Timur, 생략하여 NTT州에 속하고, 섬의 중앙에서 「동숨바도Kabupaten Sumba Timur」와 「서숨바도Kabupaten Sumba Barat」로 나뉘어 있다. 섬의 인구는 약 50만 명이며, 그 대부분이 숨바인이다.

사람들은 얼마 안 되는 수전水田에서 벼농사와 밭에서 옥수수를 재배하면서 생활하고 있다. 최근, 기독교로의 개종이 진행되고 있지만, 마라푸라고 하는 선조의 영혼에 대한 의례도 여전히 빈번하게 행해지고 있다. 동숨바 사회는 작은 왕국의 왕[라자]이 지역사회를 지배하고, 그 아래에 귀족, 평민, 노예가 있으며 각 계층사이에서는 상하의 신분의 구별이 있다. 현재, 신분제도는 부분적으로 변화하고 있지만, 계층사회는 여전히 뿌리 깊게 존속하고 있다. 그러나 서숨바 사회는 빈부 차이가 있지만 비교적으로 평등한 사회이다.

숨바섬은 석회암질의 암석으로 섬 전체가 덮여 있다. 건기乾期에 섬을 방문하면, 풍화로 정상이 평평하게 깎인 산들이 지면이 되어, 깊은 산골짜기의 아래에 얼마 안 되는 강이 흐르고 있다.

인구밀도가 낮은 불모의 섬이다. 우기雨期가 있다고는 해도, 집중호우형의 스콜 비이 이따금 내리는 정도로, 대개 섬 전체가 사반나성 초원이 펼쳐져 있고 건조하다. 토지는 알칼리성으로 메말라 있어 농경에는 적합하지 않지만, 비교적 강우량이 많은 서숨바를 중심으로 벼농사가 행해져, 옥수수 재배, 말이나 물소의 목축이 섬 전체에서 행해지고 있다. 옛날, 숨바섬에 향료로서 귀중한 백단이 자생하고 있다는 것을 유럽의 항해자들이 발견해 삼림 벌채가 되풀이된 결과, 불모지로 변해버렸다고 전해지고 있다.

이러한 지리적인 조건으로, 숨바섬은 1913년 네덜란드의 식민지통치를 받을 때까지 다른 나라로부터 지배당한 적이 없었다. 그 때문에 숨바섬에는 전통적인 문화가 끊어지지 않고 살아 있으며, 독특한 모티프로 만들어진 직물織物이나 장대한 농경예축행사의 「파소라기마전」 등이 현재 전해지고 있다. 또한, 거석분묘를 건립하고, 애니미즘적인 장송의례를 행하는 관행도 최근까지 볼 수 있었다. 그러나 최근 생활양식의 근대화와 기독교로의 개종이 진행되면서, 거석분묘는 점차로 시멘트로 만든 분묘로 변하고, 애니미즘적인 종교행사도 그 본래의 모습을 찾아볼 수 없게 되었다.

숨바섬에는 본론의 주제이기도 한 다양한 석조문화石造文化의 전통이 남아 있어, 거석분묘의 건립 시에는 돌 끌기를 하거나, 조각한 묘석墓石을 세우거나 하는 것이 숨바인에게 있어서는 그 부와 계층에 따른 사회적 지위를 표현하는 수단으로 간주된다. 이른바 훈공제연勳功祭宴적인 특징을 가진 사자제연死者祭宴이 지금도 성행하고 있다. 숨바섬의 전통적인 촌락사회를 볼 때, 그 촌락 전체가 그들의 거주공간으로서 소우주를 형성하고 있다는 것을 알 수 있다. 다시 말해, 거석분묘를 비롯한 석조물은 숨바인의 주거나 제사공간과 함께 하며, 그것들을 일체화시켜 생각할 필요가 있다.

숨바인이 생활하는 전통적인 촌락은, 옛날부터 그 지방에 있어서 정치적인 중심을 이루고 있던 중핵마을이었다. 동숨바에서 「파라잉」라고 불리는 이 전통적인 촌락은, 몇 개의 부계씨족父系氏族이 생활하는 씨족공동체로 간주할 수 있다. 파라잉 내에서의 최고지위가 세습되는 상층귀족王族, 貴族, 祭官 출신의 라자王이다. 라자는, 그가 사는 중핵마을뿐만 아니라 그 주변지역에도 영향력을 끼치는 부족사회의 수장首長이었다. 그러나 전에도 말한 바와 같이 현재 인도네시아의 행정부 내에서는, 전통적인 계급제가 인정되지 않고, 라자의 권력 대부분이 박탈된 상황에 놓여 있다. 라자의 존재가 바깥 세상에 나타나는 것은, 연중행사의 통과의례 등의 의례儀禮 때에 한정되는 것이 현실이다.

라자가 사는 전통적인 중핵마을의 공간배치를 대충 살펴보면, 중앙에 「거석광장talora」이 있고, 그것을 둘러싸고, 또는 사이에 두고 일렬 또는 2열의 전통가옥uma bokulu이 근접해 세워진 형태이다. 가옥은 뾰족한 지붕을 가지는 대형의 고상가옥高床家屋이다. 광장은 제사공간으로 되어 있어, 거석분묘군이나 「제단katoda」, 적의 목을 장식하기 위해 세운 기둥 「적의 목을 거는 기둥andung, andu katiku tau」이 설치되어 있다. 강가의 평지에 입지하는 동숨바의 촌락에서는 돌로 쌓아올린 벽 또는 울타리로 둘러싸여 있는데, 서숨바에서는 이러한 공간구조를 갖춘 전통적인 촌락의 대부분은 높은 언덕 위에 입지하고 있다.

인간이 기거하는 전통적인 가옥이 산 위에 세워지고, 촌락의 중앙부산의 정상이나 능선부의 광장에 유해死體를 안치한 몇 기의 거석분묘나 공적인 기념물monument이 있는 광경을 보면, 마을 주인은 그곳에 생활하는 사람이 아니고, 죽은 사람이 아닐까라고 생각될 정도이다.

거석분묘는 보통, 촌락의 광장에 구축되어 있다. 분묘의 형식은 ① 네 개의 지석 위에 상석이 올라가는 돌멘, ② 상자식 석관에 상석으로 뚜껑을 얹은 분묘, ③ 네 개 이상의 자연석을 지석으로, 한 장의 상석이 얹어 있는 분묘의 세 가지 유형으로 나눌 수 있다. ①의 돌멘에 죽은 사람을 넣는 것에는 세 형식이 있다. 우선, 땅 속에 매장구멍을 파서 매장하는 경우와, 유해를 석관에 넣어서 땅속에 매장하는 경우가 있다하고 그 위에 돌멘을 세우는 형태, 상자형 석관에 죽은 사람을 넣어서 땅속에 매장하고, 돌멘을 세운다. 지석의 사이에 죽은 사람을 넣은 상자형 석관을 두고, 그것을 덮도록 해서 네 개의 지석에 상석을 얹은 돌멘dolmen을 세우는 형태이다. 숨바섬의 거석분묘가 출현한 시기가 언제인가는 명확하지 않지만, 필자가 보고 들은 바로는 1900년대가 가장 많이 건립되었다고 추측해도 좋을 것 같다.

동숨바에서는 수장과 귀족의 분묘로 많이 사용되고 있는 것이 ①의 유형이며, 평민의 분묘에는 ②가, 노예분묘에는 ③의 유형을 사용하는 것이 일반적이다.

서숨바에서는 수장과 귀족 출신인 부유층의 분묘에는 ①이나 ②의 유형의 대형 분묘가, 대체로 일반사람들은 각자의 재산에 따라서 ②나 ③의 유형에 따른 소형의 분묘에 매장된 것으로 짐작된다. 숨바섬에 이러한 거석분묘가 몇 기 존재하는 가라는 통계는 없지만, 아마 한국의 고인돌 이상의 높은 밀집도로 분포하고 있을 것임은 틀림없다.

그런데 20세기 후반이 되어, 숨바섬의 촌락사회에도 근대화의 물결이 몰려오고, 도로가 정비되며 전기가 보급되는 동시에, 거석분묘의 조영은 시멘트로 만든 분묘로 변용해 갔다. 최근에는 돌멘이나 상자식 석관무덤 등과 같이 돌로 만든 분묘가 새롭게 조영되는 것은 거의 없어졌다.

숨바섬에서 이 거석분묘 조영의 각 과정을 모두 관찰한 것은 아니지만, 관련 행사의 일부를 실제로 관찰할 수 있는 기회를 갖은 얼마 안 되는 문화인류학자의 입장으로 거석분묘 조영의 과정의 한 측면을 소개하고자 한다.

파오 마을의 거석분묘와 돌 끌기 행사

필자가 거석분묘의 조영에 즈음해서 행해진 돌 끌기 행사를 실제로 관찰한 것은, 지금으로부터 33년 전의 1975년 8월이었다. 동숨바의 남동부 해안 가까이에 있는 메로로 군의 파오 마을과 우마바라 마을을 중핵마을로 하는 라자王였던 「움부 윈디 타난군주T. U. Windi Tanangunju」에 의한 일족의 장례식 준비의 일환으로서, 거석분묘를 축조하는 데 사용되는 석재의 운반행사 「돌 끌기」가 행하여 졌다. 필자가 이 마을을 방문한 것은 행사가 시작되는 수 일전이었지만, 행사에 참가하는 사람들이 섬 내의 각지에서 모여들어, 라자가 사는 대형의 가옥 안은 마치 피난처와 같이 많은 사람들로 북적대고 있었다.

파오 마을과 우마바라 마을은 일찍이 「파오」 구왕국旧王國의 중핵마을로서의 위치가 부여되어 있었지만, 1975년 당시의 양 마을의 경관은 앞서 말한 숨바섬의 전통적인 촌락의 공간배치와는 거리가 먼 폐촌과 같은 모습이었다. 메로로 강가의 평지에 입지하고 있는데, 양 마을의 경계가 애매하고 가옥도 적었다. 뾰족한 지붕을 가진 가옥도 한 채밖에 세워져 있지 않았다. 라자는 양쪽 마을에 집을 가지고 있었는데, 모두 대형이지만 뾰족한 지붕이 아니라 편평한 지붕의 건물이었다. 광장의 중앙에 설치되어야 할 거석분묘도, 자연석을 이용한 작은 스케일의 돌멘이 마을 한쪽 구석에 마련되어 있었다.

　라자인 「움부 윈디」의 청취조사로 안 것은, 라자가 본래 구왕국 내에 소유하고 있던 정치적·경제적 권력이 독립한 인도네시아 행정부에 의해 박탈된 이래, 중핵 마을 자체의 경제사정이 그다지 좋지 않고, 1975년 시점에는 촌락기반을 다시 세우려고 하는 중이라고 하는 것이었다. 라자는 "최근, 양친을 비롯해 몇 명의 육친을 여의었지만, 이분들의 대부분은 아직 장례식을 끝내지 않았다. 라자로서 상류 귀족계급에게 어울리는 관습에 의거한 장송의례를 행하지 않으면 안 되지만, 경제적인 사정으로 준비를 할 수 없고, 장례식이 계속 연기되고 있다. 지금에서야 뾰족한 지붕의 관습가옥을 세우는 데 사용하는 기둥을 모으는 것을 끝내고, 이번에는 큰 돌멘을 세울 석재를 광장에 운반할 수 있게 되었다. 장례식을 완결시키기 위해서는, 이제부터 집을 짓고 무덤을 만들지 않으면 안 되고, 그때마다 수많은 말이나 물소를 희생시키고 교환재료로서의 선물을 준비해야 한다. 지금은 자금이 절대적으로 부족하므로, 장례식을 모두 마치는 것이 언제가 될지는 예상할 수 없다"라고 하였다.

　파오 마을의 라자가 사는 가옥 옆에 세워진 집은 수명의 유해가 안치되어, 임시의 매장시설로써 사용되고 있었다. 「웅크리고 앉아 있는 모습蹲踞形」으로 앉힌 각각의 유해를 몇 십장의 직물로 감싸, 거대한 미라같이 보였다. 유해의 옆에는 「파팡강」이라고 하는 시종인 노예계급 남성이, 아직 살아 있는 주인을 돌보는 것과 같이 조석의 식사를 대접하고, 씹는 담배인 「베텔 낫쯔」를 주는 시중을 하고 있었다.

　파오 마을에는 그 후도 몇 번 갔었는데, 인도네시아의 경제발전에 호응하듯이, 파오 마을의 촌락기반은 서서히 정비되어 갔다. 1988년의 시점에는, 뾰족한 지붕의 가옥군이 완성되었다. 그리고 마을 중앙에 있는 광장에 큰 돌멘도 완성되었다. 숨바인이 이상으로 생각하는 촌락공간이 출현하고, 구왕국의 광경을 상기시킬 정도로까지 촌락의 복원이 진행되고 있었다. 그러나 그 동안에 라자였던 움부 윈디도 1981년에 사망해서, 새로 완성된 돌멘에 매장되어 있었다.

숨바인의 사생관에 의하면, 사람들은 촌락 안에서 죽은 사람이나 조상의 영혼과 공생하고 있다. 산 사람은 죽은 사람을 위해 돌멘의 거석분묘를 조영하고, 그 안에 유해를 안치하는 것에 의해 드디어 이 세상에서의 죽은 사람의 생활이 끝났다고 간주한다. 죽은 사람의 영혼은 분묘에 안치되는 것에 의해, 드디어 「조상의 영혼이 사는 정신세계파라잉 마라푸」에서 되살아난다고 생각하고 있다. 분묘를 만드는 것은 이 세상에 살아남은 사람들이 죽은 사람을 위해 행하지 않으면 안 되는 의무의 하나가 되고 있다. 계급사회의 상황에 있는 동숨바에서는 그 사회 시스템이 그들이 조영하는 무덤에도 반영되어, 계층이 높아질수록 대규모 분묘에 안치될 필요가 있다고 믿고 있다.

동숨바의 전통적인 촌락 중, 그 지역의 지배자였던 라자의 후예가 거주하는 중핵마을의 광장에는 규모가 큰 돌멘이나 시멘트로 만들어진 가옥형家屋形의 분묘가 조영되어 있다. 큰 것의 경우 상석까지의 높이가 3m, 크기가 4×2.5m에 달하는 돌멘도 있다. 대형의 분묘들은 모두 라자나 그 친족의 무덤이며, 귀족이나 평민의 무덤은 상석의 크기가 100×60cm, 높이가 70cm정도의 돌멘이나 한 개의 개석을 그대로 지면에 올려놓은 무덤이며, 그것들이 라자의 분묘의 주위에 군집하여 조영되어 있다.

1975년의 8월에 관찰한 파오 마을에서의 「돌 끌기 행사」는 이러한 돌멘을 둘러싼 숨바섬의 문화 환경 안에서 행해졌다. 라자가 주최하는 행사로, 돌멘의 석재가 운반되었지만, 가장 큰 석재는 4×2.5×0.7m 정도의 크기였다. 파오 마을에서는 지금까지 중 가장 큰 돌멘이 되는 석재였다.

필자가 파오 마을의 라자가 사는 집으로부터 거대 석재를 잘라내는 현장으로 안내된 것은, 돌 끌기 행사가 행해진 전날의 8월 5일 저녁이었다. 파오 마을에서 메로로 강가의 길을 하류방향으로 약 1km 내려가, 남쪽 방향으로 우회전해서 강폭 10m 정도의 다리가 없는 메로로 강을 횡단한다. 깊은 곳이 70cm 정도의 수심이므로 걸어서 건넌다. 그곳에서부터는 길이 없고, 바위산과 같은 사반나의 메마른 풀이 우거진 언덕을 넘어, 메로로 강과의 반대 사면을 끝까지 내려간 곳에, 막 잘라낸 거석이 두 갈래의 나무를 이용해 만들어진「수라나무썰매」에 실려지고 있었다. 몇 명의 남성이 거석을 나무썰매에 고정하기 위해서 수라를 조립한다.

거석을 운반하는 데 사용되는 이 나무썰매를, 동숨바에서는「돌의 말 "자라 와 쯔"」이라고 부르고 있는데, 숨바어로「마세라」라고 부르는 나무가 사용되고 있었다. 그 형상은 1978년 오사카부 후지이데라시의 미쓰즈카 고분에서 발굴되어 화제가 된 고분 축조용의 나무썰매「수라」와 거의 같은 형태, 크기의 것이었다. 필자가 동숨바에서 돌을 끄는 데 사용된 나무썰매를 보았을 때, 그 운반도구가 고대 일

짐 꾸리기를 끝내고 전야행사에 모인 사람들(1975년 8월 파오 마을, 동숨바)

본에서 이용된 수라와 같은 것이었다고는 생각도 못했지만, 채석장에서 파오 마을의 광장에 있는 건조建造 예정지까지의 약 3km 거리를 중기重機를 사용하지 않고 인력만으로 끌어낸다고 들었을 때, 고분시대의 돌 끌기도 이렇게 하여 행해진 것은 아닐까라고 느낀 기억이 아직도 남아 있다. 고대 일본과 현재의 숨바사회, 시간과 공간을 달리하지만, 거석분묘의 석재운반이 같은 기술로 행해지고 있다. 생각지도 않게, 일본과 숨바와의 문화적인 관련에 관심을 갖게 되었다. 그 당시 한국 고인돌의 존재를 자세하게 모른 것도 있지만, 고인돌에 관한 지식을 가지고 있었다면 고대 일본보다도 고대 한국과의 관계에 보다 많은 관심을 갖지 않았을까 하고 생각할 정도였다.

한국의 고인돌과 아시아의 거석문화에 정통한 니시타니西谷正에 의하면, "최근,

수라의 뒤로 앉는 두 명의 여성. 그녀들의 역할은 거석을 돌보는 것이다.(1975년 8월 파오 마을, 동숨바)

한국의 젊은 연구자 중에는 지석묘의 축조과정에서 몇 단계의 의식이 있었다. 또는, 거석 바로 그 자체를 제단으로 보고 신앙하고 있었던 것은 아닐까라는 의견이 나오고 있다"〔西谷, 2003〕라는 지적이 있었지만, 숨바사회의 돌을 끄는 행사를 보면 여기에서도 의식을 되풀이하면서 거석이 끌어내어져 가는 것이었다.

　채석장에서는 돌멘의 상석에 해당하는 거석 한 기와 소형의 돌멘용의 상석 두 기가 이미 잘라내어져 있고, 각각이 수라나무썰매에 실리고, 거의 짐 꾸리기를 끝내고 있었다. 나무썰매의 뱃머리에는 빨간 천의 깃발이 달려 있었다. 들은 바에 의하면, 거석을 나무썰매에 태우는 작업은 여러 날 전에 행해졌고, 이날까지 돌 끌기가 한창일 때에 나무썰매로부터 떨어지지 않도록 거석을 나무틀로 둘러싸 나무썰매에 고정하는 작업이 계속되고 있었다.

　채석장에는 태양이 서쪽으로 저물 때, 의례를 위해 민족의상을 몸에 걸친 남자

수라 앞에 앉아 주문을 주창하는 사제(1975년 8월 파오 마을, 동숨바)

들이 모여들었다. 전원 50~60명에 달했을까? 그 가운데에는 몇 명의 여성이 섞여 있었다. 잘라낸 돌멘용의 석재에는 조상의 영혼인 마라푸가 머물고 있다고 간주되고 있다. 여성들은 마라푸를 대접하는 역할을 담당하고 있었다. 채석장에서 거석이 잘라내진 후 돌 끌기가 행해질 때까지의 기간 중에는 제물이 바쳐지고 낮에도 밤에도 여성이 돌에 바싹 달라붙어 말을 걸거나 울며 밤을 지새고 있었다. 한국이나 중국에서의 장례식이나 문상의 의례로 행해지는 우는 여자와 공통된 관행이라고 느껴졌다.

돌 끌기에 앞서 의례는 어두워짐과 동시에 시작되었다. 라토라고 하는 사제직의 노인이 나무썰매의 전방부에 앉아 자기들 사이에 전해지는 창세신화를 그들의 의례언어로 이야기하기 시작하였다. 마치 노래 부르고 있는 듯하였다. 그것이 끝나면 거석에 머무는 마라푸에게 공물로 베텔 낫쯔와 옥수수를 야자잎으로 짠 접시에 넣

돌 끌기 행사의 개시(1975년 8월 파오 마을, 동숨바)

돌 끌기 행사(1975년 8월 파오 마을, 동숨바)

돌 끌기 행사(1975년 8월 파오 마을, 동숨바)

어서 바친다. 그리고 한 마리의 닭을 죽여 산 제물로 하고, 그 심장을 꺼내, 마라푸가 이 행사를 허락하는지 아닌지를 점친다. 결과는 「길흉」로 나왔다. 돌 끌기 행사의 집행이 길이라고 판단되면, 라토는 일어서서 그에게 뒤따라가는 7~8명의 심부름꾼과 마주보고 의례언어에 의한 문답을 서로 번갈아가며 행한다. 이렇게 하여 그날 밤의 의례가 끝났다. 모인 사람들은 마라푸가 다음 날의 돌 끌기를 양지해 준 것을 확인하고 집으로 돌아갔지만, 라토와 두 여성은 그 자리에서 돌멘용의 석재와 함께 밤을 지새웠다.

다음날 아침, 이른 아침부터 많은 사람의 사람들이 채석장으로 모여들었다. 라토는 전날 밤과 같이, 나무썰매의 전방부에 앉았다. 그리고 마라푸에게 기도를 올리며 닭의 간으로 점을 치고, 행사를 진행시키는 것에 관한 마라푸의 판단을 물어보았다. 길조를 확인하면 데리고 온 흰 망아지 한 마리가 산제물이 된다. 드디어 돌멘용의 석재 끌기의 시작이다. 나무썰매의 뱃머리에는 적색의 깃발에 더하여 핑크색의 깃발도 내걸렸다. 거석의 중앙에는 그들의 민족의상인 여성용 살롱 「로우」가 놓여지고, 마치 거석이 신부의 모습과 같은 몸차림이었다. 정말로 거석의 출가出嫁였다.

나무썰매의 앞부분에 뚫린 구멍으로부터 두 개의 밧줄, 중앙부의 구멍으로부터 좌우 각각 한 개씩의 밧줄이 걸리고, 합계 네 개의 밧줄로 끌어내어진다. 줄은 마닐라 삼과 같은 양질인 섬유로 짜여 있었다. 한 개의 밧줄에 100명 미만이 2열로 끈다. 전원 300~400명의 인력에 의한 돌 끌기이다.

징을 쳐서 울리면 전원이 전신의 힘을 주고 구호와 함께 끌어냈다. 땅에 까는 굴림대 나무는 주변의 나뭇가지를 잘라 20~30개의 통나무로 된 것을 사용하고 있다. 몇 미터 진행되면 징을 울려 조금 휴식하고, 처음에 깔았던 뒤쪽의 나무를 앞으로 가져와서 징 소리와 함께 다시 끌기 시작한다. 라토는 거석에 걸터앉아 뱃사공과 같이 뱃머리에서 지휘를 하고 있었다. 나무썰매의 뒤에는 몇 명의 여성이 직물이나 베텔 낫쯔의 선물을 머리에 얹고, 마치 신부행렬을 수행하는 것처럼 따라 붙어서 걷는다. 나무썰매가 구덩이 등에 빠져서 움직이기 않으면, 마라푸의 도움을 얻기 위해 여성이 베텔 낫쯔를 거석에 바친다. 그러면 불가사의하게 거석을 실은 나무썰매가 움직이기 시작한다.

채석장에서 몇백 미터 나아간 곳에서, 나무썰매는 급경사길에 당도했다. 오르막에서는 땅에 까는 굴림대 나무를 사용하면 3톤 가까이는 될 것이라고 생각되는 거석이 역방향으로 미끄러지기 때문에, 단지 인력만으로 끌어올려 간다. 시간을 들여 조금씩 사면을 올라갔다. 사면을 끝까지 올랐을 때, 이미 정오쯤 되어 있었다. 남쪽 나라의 뜨거운 햇볕이 내리쬐는 가운데, 한숨 돌리는 모습으로 각자의 생각대로 휴식을 한 후, 오후부터 내리막길의 항해가 시작되었다. 내리막길에서는 중앙부에 있는 좌우로 끄는 줄 두 개가 브레이크의 역할을 하고, 벗어나 떨어지지 않도록 뒤쪽으로 끌려져 천천히 사면을 내려간다. 사면을 끝까지 내려갔을 때에는, 끌기 시작한 후부터 5~6시간이 걸렸던 것으로 생각된다.

사면을 내려오면 다음 난관이 메로로 강의 횡단이다. 건기가 한창이기도 하여, 강폭은 20m 정도이었지만, 수심은 70cm 정도로 얕았으므로 육상과 같이 오로지 잡아당겨 강을 횡단했다. 강물의 부력 영향은 거의 없었던 것으로 생각된다. 메로로강을 다 건넌 나무썰매의 거석은 파오 마을로 통하는 길까지 끌어져, 거기에서 하룻밤을 새우게 되었다. 동시에 끌어온 소형의 상석을 얹은 나무썰매는 메로로 강의 앞에서 그날의 작업은 종료되었다. 각각의 돌멘용의 석재에는 전날 밤과 같이 민족의상을 입은 여성이 따라 붙고, 우리들이 그 자리를 떠날 때에는 크게 우는 소리가 들려왔다.

다음 날 7일 아침, 세 기의 상석은 파오 마을의 광장 묘지에까지 운반되었다. 라토가 기도를 올리고, 닭의 간으로 점을 친 후, 나무썰매에 실려진 거석은 파오 마을로 향해서 열심히 끌고 갔다. 길에는 땅에 까는 굴림대 나무가 늘어져 있었고,

강을 건너고 있는 사람들(1975년 8월 파오 마을, 동숨바)

마을 입구에 도착한 거석을 마중 나가는 라자^{수장}(1975년 8월 파오 마을, 동숨바)

마을 내로 끌고 온 수라(1975년 8월 파오 마을, 동숨바)

모래먼지를 일으켜가면서, 거석은 전날보다 빠른 스피드로 파오 마을을 향했다.

전날 돌을 끌기 시작할 때부터 거석이 파오 마을의 입구까지 끌려올 때까지, 주최자인 라자 움부 윈디가 돌 끌기 현장에 모습을 나타내는 일은 없었다. 현장에는 행사의 상황을 주시하고 있었던, 주최자 측의 한 사람으로 움부 윈디의 남동생 「움부 은기쿠 타난군주U. Ngiku Tanangunju」가 있었다. 그는 행사를 지휘하는 입장이라기보다는, 행사 참가자 안에 섞여서 스스로 줄을 당기면서 행사가 밀리지 않고 진행되는 것을 감시하는 입장이었던 것 같다. 라자가 모습을 보인 것은, 거석이 파오 마을의 입구에 도착했을 때였다. 꼭 시집 온 신부를 마중 나온 것 같은 분위기였다. 거석을 마중 나가고, 돌 끌기에 종사한 사람들의 노고를 치하하고 있었던 라자의 모습이 인상에 남아 있다.

거석을 맞이한 라자의 옆에서 여러 명의 여성이 통곡하기 시작하였다. 그리고

광장 중앙에 있는 묘지에 도착한 거석(1975년 8월 파오 마을, 동숨바)

큰 소리로 울며 도착한 거석을 맞이하는 여성들(1975년 8월 파오 마을, 동숨바)

광장으로 옮겨지는 소형 거석(1975년 8월 파오 마을, 동숨바)

한 사람의 노파가 베텔 낫쯔를 넣은 접시를 돌 위에 제물로 올렸다. 마치 거석이 마을에 온 것을 환영하고 있는 것 같았다. 이렇게 해서 거석이 마을에 들어오는 데 행해지는 의식이 끝나면, 세 기의 돌멘용 석재는 광장에 있는 묘지에 반입되었다. 묘지에 도착한 돌은 많은 여성들이 맞이하고, 다시 베텔 낫쯔가 거석 위에 바쳐졌다. 거석을 둘러싼 여성들은 웅크려 상당한 시간 쓰러져 울고 있었다.

이틀 전의 저녁부터 시작된 돌 끌기 행사는, 파오 마을의 광장에 있는 묘지에 도착하여 7일 오전에 종료했다. 돌 끌기에 종사한 사람들은 그 후 마을 내의 가옥으로 분산되어 맛있는 음식이 대접받았다.

돌 끌기 행사로 보는 문화적 맥락

33년 전, 거석문화를 가지고 있던 동숨바 사회에서 행해진, 돌멘 건립을 위하여 돌 끌기의 행사를 생각나는 대로 소개하였다. 지금까지 틈틈이 필자가 소개했던 보고서를 읽으면서 집필작업을 하였지만, 4반세기를 넘고 있는 시간으로 세부적

수라용 나무의 벌채(1978년 8월 파린디 마을, 동숨바)

나무를 깎아 썰매 형태로 가공되는 수라(1978년 8월 파린디 마을, 동숨바)

으로 상기하기 어려운 것을 사죄하지 않을 수 없다. 또, 젊었을 때에 관찰한 행사
로, 강렬한 인상을 가졌지만 조사방법에 미숙한 부분이 있어 행사의 전체 내용을
충분히 다 소개할 수 없는 것은 매우 부끄러울 뿐이다.

　그러나 필자는 이 돌 끌기 행사로부터 보이는 동숨바 사회의 문화적인 맥락을
파악해 둘 필요가 있다고 느끼고 있고, 그 점에 관한 정리를 시도해 보고자 한다.

　일본에서도 또는 한국에 있어서도, 규모가 큰 전통적인 행사가 행해질 때, 행사
의 도처에 그 지역의 문화적인 특징이 나타난다. 동숨바 사회에서도 똑같아, 이때
의 돌 끌기 행사에서도 다양한 현상이 문화적인 맥락 안에 포함되어 있었다.

　동숨바에서 행해지는 돌 끌기는 돌멘을 건립하고 육친의 시체를 그 안에 안치
하는 장송의례의 일환으로서 행해지는 행사이다. 이 일련의 행사는 거석문화에 사

완성된 수라에 로프를 매고 강을 건넌 지점(1978년 8월 파린디 마을, 동숨바)

는 동숨바의 사람들에게 있어서 사자제연, 즉 훈공제연勳功祭宴적인 특징을 가진 죽은 자에 대한 의례가 되고 있다. 라자의 칭호를 가지는 세습의 상류귀족마란바 보쿨으로부터 노예타우 아타에 이르는 명확한 계급제가 남아 있는 사회이다. 따라서 이 행사는 지배자층의 성원이 자기들의 신분을 보전함과 동시에 큰 위신을 사람들에게 내보이고 명성을 확고하게 하기 위해서 행해지는 것이다.

여기에서 행해진 돌 끌기 행사의 경우, 파오 마을의 축연 주최자는 라자 움부 윈디였다. 그와 그의 친족이 그때까지 비축한 재산으로 이 대행사를 개최하였다. 그런데 장송의례를 완결시키기 위해서는, 이번에 촌락의 광장에 운반된 개석과 지석, 석관, 기념비석을 조립하여 돌멘을 건립하고, 뾰족한 지붕의 관습가옥 몇 채를 세우지 않으면 안 되었다. 지금까지 든 비용 이상의 새로운 자금이 필요하였다. 그

짐 꾸리기용의 구멍을 판다.(1978년 8월 파린디 마을, 동숨바)

마을로 수라를 끌고 돌아가는 길(1978년 8월 파린디 마을, 동숨바)

러나 움부 윈디 자신은, 조상 전래의 가보를 처분해서 그것을 의례의 비용으로 하는 것에는 소극적인 자세였다. 일련의 장송의례 준비가 더디게 진행되는 상황 아래서 1981년 움부 윈디는 서거하였다. 그리고 남동생의 움부 은기쿠Oemboe Ngiku Tanangunju가 라자의 칭호를 계승하였다. 새로운 라자가 된 움부 은기쿠는 자금부족으로 좌절되었던 장송의례를 끝내 버리려고, 형이 남긴 재산의 대부분을 처분하여 자금을 어렵게 모아 불과 몇 년 안에 돌멘과 관습가옥을 건립하고, 죽은 선대 라자친형의 유해도 이번 운반한 상석을 석재로 해서 새롭게 만든 가장 큰 돌멘으로의 매장을 마친 것이었다.

이때의 돌 끌기 행사는 파오 마을의 라자가 주최한 것이지만, 행사의 진행은 제사직에 해당하는 라토에 의해 행해졌다. 행사의 소개한 것과 같이, 라자가 이 행사에서 등장한 것은 나무썰매에 태워진 거석이 마을의 입구에 도착했을 때뿐이었다. 동숨바 사회에서는 라자가 직접 주민을 통치하거나, 제사를 집행하거나 하지 않는다. 라자는「집 또는 마을에 머물러, 선조 전래의 왕국의 신기神器를 지킨다」는 것이 일로 간주되고 있다. 움부 윈디가 살아 있었을 당시, 그 권력은 상당히 박탈된 것이라고는 하지만, 우마루루 구旧왕국현재 우마루루 군의 주민을 통치하는 역할은 넘버 투였던 남동생의 움부 은기쿠가 맡았고, 제사면은 구왕국의 관습법에 따라 라토신관가 장악하고 있었다. 동숨바 사회의 전통적인 지배구조의 일면이 이 행사 안에 나타나고 있다고 말할 수 있다.

운반되는 거석에 직포를 걸고 베텔 낫쯔를 대접하는 것은 거석이 생명을 가지고 있는 것을 증명하는 것이며, 사제직의 라토는 돌 끌기 행사의 도중, 몇 번이나 의례언어를 사용하여 거석에게 말을 건다. 이렇게 함으로써 돌 끌기 행사가 보다 원활하게 또한 안전하게 진행된다고 믿고 있다.

동숨바에서는 의례언어를 루루크luluku라고 부르고 있다. 일상 회화로 주고받는 숨바어 히루 훔바hilu Humba와는 다른 대구표현을 중심으로 한 의례용의 언어이다.

마라푸에게로의 기도는 전부 이 의례언어로 행해지고, 신화를 이야기하거나 혼인 교섭에 따르는 회합에서 나뉘는 말은 이 의례언어를 사용해서 행해진다. 숨바섬의 문화를 생각할 때, 이 풍부한 언어문화의 본질을 포착하지 않으면 그 실태를 이해할 수 없다고 하는 것에도 주의해야 한다.

지금까지 소개한 동숨바의 돌 끌기 행사에서는, 그 진행 중에 도처에 선조 신인 마라푸를 의식한 행동이 포함되어 있다. 마라푸는 자기들에게 생명을 준 존재이며, 숨바 사회 안에서 생활해 가는 규범을 마라푸의 의사를 따라서 일생을 마치는 생활양식이 면면히 흐르고 있다. 드디어 죽음을 맞이하여 정해진 사자제연을 마치면, 죽은 사람의 영혼은 다시 「마라푸가 사는 세계파라잉 마라푸」에 되돌아간다고 여기고 있다. 이 세상에 남겨진 사람들은, 돌멘의 건립이나 다양한 장송의례를 행사하는 것이 큰 역할이며, 인생의 대부분을 훈공제연적인 행사에 많은 에너지를 소비하고 있다.

나가는 말

본론에서는, 동숨바 사회에서 행해진 돌멘 건립에 이용되는 상석을 운반하는 행사를 소개하고 거기에 잠재되어 있는 문화적인 맥락의 고찰을 시도해 보았다. 그러나 그 석재는 어떻게 잘라내어진 것인가, 그리고 옮겨진 석재로 돌멘을 만드는데에는 어떠한 조립방법이 행해지는가라는 상세한 정보가 필요하다고 추측된다.

유감스럽게도 필자는 석재를 잘라낸 후부터 돌멘의 건립에 이르는 모든 작업을 관찰하지 못했다. 그러나 이 돌 끌기 행사의 관찰 후, 몇 년에 걸쳐 숨바섬을 방문하는 기회가 있어, 채석장에서 잘라내고 있는 석재를 우연히 보게 되거나, 인포먼트informant, 주요 자료 제공자를 통해 돌멘의 건립방법 등을 물어본 적도 있었다. 본론을 마칠 즈음, 단편적이기는 하지만, 채석장의 상황이나, 인포먼트로부터 들어 이해한 건립방법에 대해서 소개하고자 한다.

1987년 8월 서숨바를 방문했을 때, 서숨바의 도청이 있는 와이카부박 남부의 언덕위의 촌락인 굴마리티 마을의 중턱에서 상자식 석관의 석재 두 기와 상석 두기가 잘라내지고 있는 현장으로 발길을 옮겼다. 밑에서 우러러 보면, 높이 20m 정도의 곳에 거의 잘라내기를 끝낸 것과 같은 상황으로 네 기의 석재가 놓여 있었다. 그 경관은 일본에서는 불가사의한 기암으로 여겨지고 있는 나라현奈良縣 가시하라시橿原市 마스다益田의 이와후네岩舟나 효고현兵庫縣과 오사카부大阪府에 있는 다섯 군데의 이시노호덴石寶殿의 모습을 상기시키는 것이었다.

이 채석장에서는 6~10명이 굴봉掘棒과 같은 한 개의 철봉과 삽을 이용하여 돌을 자르기 시작하고 있었다. 철봉은 길이가 약 1m, 한쪽의 끝이 인두 모양으로 되어 있었다. 절벽 위에 있는 굴마리티 마을의 마을사람이 이 채석을 청부받고, 3개월 정도 두 기 분의 거석묘 석재를 자르기 시작했다고 하였다. 석재는 응회암으로, 각각의 크기는 다음과 같다 .

상자식 석관이 되는 대좌부의 크기

구분	왼쪽	오른쪽
저면底面	179×189cm	199×211cm
표면上面	128×146cm	142.5×168cm
측면의 길이	192cm	127cm

석관의 덮개가 되는 상석의 크기

구분	왼쪽	오른쪽
저면	295×190cm	261×170cm
외측의 두께	100cm	69.5cm
중앙부의 두께	65cm	42cm

※상석은 옆으로 세운 상태로 잘라내고 있었다.

네 기의 거석은 이미 끌어낼 준비가 되어 있어, 상자식 석관 저면의 네 구석을 남기고 꼭 네 개의 발처럼 들어올린 모습으로 잘라내어지고 있었으며 「낭카」의 통나무가 두 개 집어넣어져 있었다. 동숨바에서 운반용 나무썰매는 두 갈래의 나무가 사용되고 있었지만 서숨바에서는 두 개의 통나무를 V자형으로 조합한 나무썰매가 사용되고 있었다. 미리 준비한 나무썰매를 가지고 오는 것이 아니라, 채석장에서

굴마리티 마을의 채석장(1978년 8월 와이카부박 교외, 서숨바)

골오라 마을의 채석장(1978년 8월 와이카부박 교외, 서숨바)

골오라 마을의 채석장(1978년 8월 와이카부박 교외, 서숨바)

골오라 마을의 채석장(1978년 8월 와이카부박 교외, 서숨바)

골마리티 마을의 채석장에서 잘라진 두 기분의 거석무덤 석재의 조감도
사상자식 석관석재와 개석석재의 조감도이며, 단위는 cm이다.(1978년 8월 와이카부박 교외, 서숭비)

잘라낸 석재 아래에 두 개의 나무를 조립해 나무썰매를 만드는 방법이 있다는 것은 놀라움 자체였다. 나무썰매가 완성되면, 떠받치고 있었던 네 개의 지면에 남겨두었던 다리 부분을 잘라 넘어뜨려서 나무썰매 위에 돌멘용 석재를 싣는다. 나머지 일은 개석이 떨어지지 않도록 튼튼하게 짐을 꾸리면 돌 끌기의 준비가 완료된다.

돌 끌기가 시작되면서 겪게 되는 최초의 난관은 채석장에서 절벽을 내려오는

장례식 의례로 행해진 상자식 석관의 개석
을 여는 법(1987년 8월 포카보 마을, 서숨바)
사망자 조부모의 유해를 꺼내기 위해서,
상자식 석관의 뚜껑이 열렸다.

일이다. 돌 끌기에 종사하는 사람들이 나
무썰매를 매달아 석재를 꺼내는 것이다.

그런데 이 석재들은 묘석으로서는, 아
직 완전하지 않은 반제품과 같은 상태이
다. 대좌台座에 해당하는 상자식 석관에는,
아직 유해死體를 안치할 매장시설이 없고,
물소의 뿔 등 조각할 상석도 다듬어지지
않은 상태로 끌어진다. 섬세한 모티프는
돌을 끄는 도중에 사고로 깨지면 안 되기
때문에, 그 작업은 묘지인 거석분묘의 조
영지에 도착한 다음 행해진다고 한다.

청취조사를 계속하면서, 도로를 끼고
있는 골오라 마을 언덕 위의 촌락 주변에
도 세 군데의 채석장이 있어, 거기에서도
거석을 잘라낸다고 하는 것을 알게 되었
다. 그 곳에 가보니, 굴마리티 마을의 채석
장에서 잘라내고 있었던 것보다도 훨씬 큰
석재가 잘라내어지고 있었다.

돌멘용의 석재가 어느 마을로 운반되는
가 확인할 수 없었던 것이 유감스러웠지
만, 이 두 곳의 언덕 위의 촌락 근처가 와
이카부박 주변의 촌락에 거석분묘 석재의
공급센터의 역할을 하고 있는 것을 확인할
수 있었던 것은 큰 수확이었다.

1975년에 옮겨진 석재로 만들어진 돌멘(1987년 8월 파오 마을)

　필자가 와이카부박의 교외에 있던 채석장을 취재한 것은 1987년이었지만, 당시에도, 숨바섬의 전도에 있어 새롭게 만들어지는 많은 분묘들이 시멘트로 만들어진 것이었다. 숨바섬의 거석문화는 시멘트 문화로 점점 변하고 있다고 느끼고 있었던 필자에게, 실제로 채석장에서 잘라내어지고 있던 거석분묘용의 석재를 직접 보았을 때, 숨바섬의 거석문화는 아직도 건재하다고 하는 인상을 강하게 받은 것이 기억에 남아 있다. 그러나 이번 숨바섬의 거석분묘에 대한 논문집필을 의뢰한 슈지쓰대학就實大學의 가종수 교수에게서 2000년 이후 숨바 사회에서 거석분묘를 조영하는 행사는 거의 없어지고 있고, 새롭게 조영되는 분묘는 모두 시멘트로 만든 분묘로 되어 있다고 전해 들어, 다시 한번 시대의 빠른 변천을 생각하게 되었다.

　마지막으로, 이렇게 하여 촌락 내의 광장에 있는 묘지까지 운반된 석재를 어떻게 조립하는 것인지에 대해서 소개하고자 한다. 그러나 필자는 숨바 사회에서 그

상석에 장식이 붙는 돌멘(1975년 8월 린디 마을, 동숨바)

키가 작은 돌멘(1975년 8월 카리우다 마을, 동숨바)

전통가옥에 둘러쌓인 돌멘군(1987년 8월 와이타발 마을, 서숨바)

실제를 견문할 기회를 가지지 못했다. 인포먼트로부터 그 방법에 대해 물어 듣고 얻은 정보밖에 가지고 있지 않은 것을 미리 언급하고자 한다.

필자가 들은 것으로는, 그 방법이 지극히 단순한데, 단지 힘에 맡겨 수 십~백여 명 정도의 인력으로 끌어올려 조립하고 있는 듯했다. 돌멘을 구축할 때, 고고학상으로는 지석을 세워, 그 사이를 흙을 쌓아올려 작은 산을 만들고 그 사면을 끌어서 상석을 정상에까지 끌어올려 지석 위에 올린다. 그리고 흙을 제거하면 완성된 돌멘의 모습을 나타난다고 하는 방법이 상정되어 있는 것 같다. 이집트의 피라미드도 이러한 방법으로 만들어졌다고 여겨지고 있다.

그러나 숨바 사회에서는 이러한 수법이 아닌 것 같다. 네 개의 지석을 갖는 돌멘의 경우, 우선, 네 개의 지석을 소정의 장소에 세운다. 그리고 장변長辺 방향의 한쪽의 지석을 따라 상석을 올리는 스테이지가 만들어진다. 스테이지는 지석과 거의 같은 높이 이고 통나무를 조합했을 뿐인 간단한 것이지만, 많은 기둥을 넣는 것에

개석식 돌멘(1987년 8월 타룽 마을, 서숨바)

돌멘(1997년 8월 와이가리 마을, 서숨바)

돌멘(1997년 8월 와이가리 마을, 서숨바)

의해 거석을 떠받치는 데는 충분한 구조이다. 우선, 상석이 되는 거석을 이 스테이지에 끌어올리는 작업이 행해지는데, 3~5m 정도의 통나무 몇 개를 지면으로부터 스테이지에 기대어 세워 슬로프를 만든다. 거석은 그 슬로프를 타고 끌어올려진다. 스테이지까지 거석을 끌어올릴 수 있으면, 후에는 그대로 옆으로 미끄러지게 한다. 그러면 상석이 지석에 얹어져 돌멘이 완성된다. 이때, 맞은편의 지석에 상석이 도착하기 전, 균형을 잃으면 떨어져버릴 수가 있으므로, 지석 사이에 통나무를 세워서 옆으로 미끄러지지 않도록 하는 것 같다.

지석이 낮을 경우나 상자식 석관의 분묘의 경우는, 슬로프를 마련하지 않고 상석을 지석의 옆에 세워 주의하면서 천천히 옆으로 쓰러뜨리면, 지석이나 상자식 석관 위에 상석이 얹어진다. 그 후에는 인력으로 옆으로 밀어서 돌멘을 완성한다. 걱정하는 것보다 실행하는 것이 쉽다고 하는 것은 이러한 것을 말하는 것인가 하

적의 목을 거는 기둥(1997년 8월 와이가리 마을, 서숨바)

는 생각이 드는 조립방법이다.

　필자가 숨바 사회에서 관찰하고 견문한, 거석분묘 조영과 관련된 석재 잘라내기와 돌을 끄는 행사 및 구축하는 일련의 과정을 소개하였다. 이러한 흐름 가운데, 숨바인들이 가장 큰 노동력과 관심을 기울이고 있었던 것은 거석을 끌어내는 돌 끌기 행사였다고 생각된다. 많은 사람이 모이고, 대접을 받으면서 수 km에 있는 묘지를 향해 돌을 끄는 행사는 주최자의 위신과 번영을 나타내는 훈공제연勳功祭宴의 기회가 되고 있었다고 말할 수 있을 것이다.

　이상으로 언급한 숨바 사회의 거석문화에서 보이는 문화적인 맥락을 살펴보면, 야요이彌生 시대에서부터 고분시대에 대표되는 고대 일본의 거석문화나 한국의 고인돌 문화와도 통하는 것이 있지 않을까 하고 필자는 느끼고 있다. 숨바 사회는 최근까지 거석문화를 이어온, 세계에서도 얼마 안 되는 민족사회 중의 하나이다. 숨바섬에 있어서의 사회상황 파악이, 거석문화를 가지고 있었던 한국이나 일본의 고대 사회를 검증하는 동시에 많은 참고가 되지 않을까 생각된다.

　1978년 봄, 주택 건설 예정지 오사카부 후지이데라시 미쓰즈카 고분大阪府藤井寺市三ツ塚古墳의 주호 바닥에서 거대 고분의 석관이나 석실의 석재를 옮기는 데 사용했던 대소의 나무썰매와 지렛대 봉이 출토했다. 이 나무썰매가 「수라」라고 하는 이름인 것임을 당시의 발굴 담당자는 몰랐지만, 오사카성大阪城의 성벽을 조사연구하는 연구자로부터, 그 이름이 전해져 신문이나 텔레비전의 미디어로 선전되었다.

　「수라」라고 하는 운반도구가 나타는 문헌에 무로마치 시대室町時代 말기의 백과사전에 「修羅ノ事 石引物ヲシュラト云ハ何事ソ 帝祏大石ヲ動カス事修羅ニアラズハアルベカラズ 仍テ名ツクト云々……」라고 기록되고 있어 다이샤쿠帝祏와 대석이 같은 소리이며, 대석帝祏天을 움직일 수 있는 것은 수라阿修羅밖에 없다고 하는 이야기가 근거가 되고 있다. 또, 같은 무렵에 나온 국어사전 「절용집節用集 역림본易林本」에는 「脩羅シュラ 引二大石一材木也」라고 쓰여 있어 대석의 운반도구를 수라修

후지이데라시 미쓰즈카 고분에서 출토된 수라(1978년 3월 오사카부 교육위원회 문화재 조사 사무소 제공)

羅라고 부르는 것이 나타나고 있다.

고분시대, 분묘의 축조에는 대량의 돌과 흙이 필요했다. 석실에 이용되는 대형의 석재나 석관을 옮기는 데는 수라 등의 운반도구가 사용되었을 것이라는 것은 일찍부터 추측되고 있었지만, 미쓰즈카 고분의 주호로부터 실물의 수라가 출토할 때까지는 상상에 지나지 않았다. 1500년 전에 실제로 사용되고 있던 수라를 눈앞에서 지켜본 일본인 상당수는, 그 박력에 놀라 고분시대를 중심으로 한 고대 일본

문화에의 관심이 보다 친밀한 것이라고 느껴지기도 했다.

　필자는 이 뉴스에 접했을 때, 그 해의 3년 전에 숨바섬에서 만난 거석을 끄는 행사를 생각해 냈다. 시공간은 멀리하고 있지만, 수라와 자라 와트라고 하는 양다리의 나무를 이용한 나무썰매를 사용하고 거석을 옮기는, 공통되는 문화의 토양이 쌍방의 땅에 뿌리내리고 있을 가능성이 있다고 느껴져 제3차에 걸쳐 필자가 숨바섬을 방문하는 계기가 되었던 것이다.

참고문헌

Forth, G. L. [1981] Rindi: A Ethnographical Study of a Traditional Domain in East Sumba, Martinus Nijhoff.

Fox, J. J. ed. [1981] To Speak in Pairs: Essays on the Ritual Languages of Eastern Indonesia, Cambridge University Press.

Kapita, H. Oe. [1976] Masyarakat Sumba dan Adat-Istiadatnya, Panitia Penerbit Naskah Kebudayaan Daerah Sumba Dewan Penata Layanan Gereja Kristen Sumba.

Kapita, H. Oe. [1987] Lawiti Luluku Humba: Pola Peribahasa Sumba, Lembaga Penyelidikan Kebudayaan Selatan Tenri.

ロクサーナ・ウォータソン著 布野修司 監譯 [1997] 「生きている住まい：東南アジア建築人類學」, 學芸出版社.

吉田裕彦 [1978] 「生きている修羅：スンバ島にて」『天地』第1巻 3号 道友社

吉田裕彦 [1988] 「スンバ島での民族學調査を終えて：1987年 8月の現地事情」『天理大學學報』第157輯 天理大學學術研究會

吉田裕彦 [1996] 「東インドネシア・スンバ島の巨石文化を訪ねる」『異文化を知るための方法』古今書院

[1999] 大阪府立近つ飛鳥博物館図録19 「修羅！その大いなる遺産 古墳・飛鳥を運ぶ」大阪府立近つ飛鳥博物館

[2003] 國際シンポジウム 「謎の巨石文化を考える：東西の先史時代遺跡を比較して」記録集(財)ユネスコ・アジア文化センター文化遺産保護協力事務所

ㄱ

가다족	218
개석식 돌멘	188
거석광장	168, 233
거석문화	29
거석제	31
거석 탑재법	198
경조	71
계급제	289
고상가옥	56
곡물창고	190
공희	33
공희제	123
교환의례	133
관습가옥	55
굴림대	204
금속기시대	78
금줄	174
기념적 양식	215
기독교	93
기반식 돌멘	188

ㄴ

난생신화	64
냐리	143
노예	108
노예매매	90

ㄷ

돌 끌기	268
돌멘	31, 32
동고의 기원신화	72
동손문화	82
동손시대	64
동손청동기	213
동손청동기문화	31
동인도회사	90
들돌	171
디소리토	29, 219

INDEX

ㄹ

라위 라토 243
라자 46
라토 75
라피타 문화 217
룽구 마누 130
리오족 219

ㅁ

마두선 260
마라잉 99
마라푸 15, 95
마라푸의 집 105
마물리 97
망가라이족 218
머리사냥 242
메로로 유적 77
모태부 246
묘제 85
문양 45

미쓰즈카 고분 305

ㅂ

범선문화 109
보르부도르 62
분촌 238
불벼 40
불벼농사권 41

ㅅ

사생관 275
상자식 돌멘 186
상자식 석관 83, 272
석판조각 174
성혈 80, 161
수라 192
수라의 제작 194
수장 101
수장사회 99

순장 182
신기 291
신분제도 106

위석식 돌멘 188
의례언어 291
의례재 97

ㅇ

아둥 174
아둥문양 47
아캇 45
아탓 145
알로 우마 118, 171
엔데족 219
오스트로네시아어족 64, 87
옹관 71
옹관묘 79
와라 75
와이카부박 158
와잉가푸 179
우라 포두 118
우마 54
우파차라 타릭 바투 192
웅왕 65

ㅈ

자치령 92
장송의례 120, 292
장식적 양식 215
저패기 68
제경 40
지석묘 32
족환 87
종교 98
주형관 81
중핵마을 100, 242
지석묘 축조과정 208

ㅊ

채석작업 126

촌락구조   111
촘팡   218

ㅋ

카방구   208
카비스   104
카토다   119
칸가   220
코타   219
코타크   100

ㅌ

타나   99
탁자식 돌멘   188
테나   237
텐팟 숨바양   172
티둥 투북   130

ㅍ

파라잉   99, 271
파소라   143, 270
파팡강   130, 274
펜지   19
평민   108

ㅎ

하이네 겔더른   30
헤겔 I식 동고   68
혼재   126
훈공제연   208, 270